朱自清 著

回望西南联大·1937.11—1946.8
·西南联大8年，见证历史变迁·

朱自清日记 下
（1942—1946）

石油工业出版社

图书在版编目（CIP）数据

朱自清日记. 下，1942-1946/ 朱自清著. —北京：石油工业出版社，2019.5
　　ISBN 978-7-5183-2885-7

　　Ⅰ. ①朱… Ⅱ. ①朱… Ⅲ. ①朱自清（1898-1948）—日记 Ⅳ. ①K825.6

中国版本图书馆CIP数据核字（2018）第205976号

朱自清日记·下（1942—1946）
朱自清 / 著

出版发行：石油工业出版社
　　　　　（北京安定门外安华里2区1号楼　100011）
网　　　址：www.petropub.com
编 辑 部：（010）64523783
图书营销中心：（010）64523633
经　　销：全国新华书店
印　　刷：北京晨旭印刷厂
2019年5月第1版　2019年5月第1次印刷
880×1230毫米　开本：1/32　印张：12.25
字　　数：280千字
定　　价：39.80元
（如出现印装质量问题，我社图书营销中心负责调换）
版权所有，翻印必究

回忆西南联大书系

许渊冲

二〇一七年十月廿七日

学术顾问：许渊冲　杨振宁

主　　编：宗　璞

副 主 编：任　重　高　超

执行主编：陈志明

目录

1942 年

1月初,联大学生发起反对孔祥熙的运动。6月,参加国语推行会常务委员会,朱自清提修订标点符号案,受委托起草。7月底,开联大教授会、清华教授会。9月底,参加中文系讨论会。

1月 / 002　　5月 / 032　　9月 / 065
2月 / 009　　6月 / 041　　10月 / 072
3月 / 017　　7月 / 049　　11月 / 079
4月 / 025　　8月 / 058　　12月 / 085

1943 年

1月,与卞之琳、冯友兰、闻一多等人就中国诗词格律展开探讨。2月,为一年级学生写补充读物目录,拟入学考试题目。9月开教授会。12月,开清华评议会。

1月 / 092	5月 / 118	9月 / 143
2月 / 100	6月 / 125	10月 / 149
3月 / 105	7月 / 131	11月 / 154
4月 / 111	8月 / 138	12月 / 160

1944 年

忙于教学事务,改学生报告、学生诗作,阅卷评分,为学生选择读物、演讲等。5月,开系务会,决定下学年开两门课:普通诗词与宋诗。10月19日,做鲁迅纪念晚会演讲。11月24日,参加中文系会及校务会议。

1月 / 166	5月 / 188	9月 / 213
2月 / 172	6月 / 194	10月 / 221
3月 / 177	7月 / 200	11月 / 226
4月 / 183	8月 / 206	12月 / 231

1945 年

1月，为《文选》等古文加标点。5月25日参加全国文艺界抗敌协会昆明分会为茅盾五十寿诞举行之庆祝会。8月，日本无条件投降。12月1日发生昆明惨案（一二·一运动）；2日，为死难者举行追悼会；9日，联大公祭4位死难者；24日，梅校长约新闻从业人员参加茶会，他们拒绝发表12月1日事件真相。

1月 / 238	5月 / 261	9月 / 288
2月 / 245	6月 / 268	10月 / 294
3月 / 251	7月 / 275	11月 / 300
4月 / 256	8月 / 282	12月 / 306

1946 年

1月，开清华评议会，冯友兰提议朱自清担任中文系主任。4月，就任清华中国文学系主任。5月15日下午5时许，闻一多遇刺，身中7弹，当即身亡。10月7日，回北平。11月，忙于教育委员会事及办公室事务。12月，开图书审委会、系主任会，参加中国语文诵读方法座谈会。

1月 / 314	5月 / 336	9月 / 361
2月 / 320	6月 / 342	10月 / 366
3月 / 326	7月 / 348	11月 / 372
4月 / 331	8月 / 354	12月 / 377

1942 年

朱自清日记·下（1942—1946）

1月

1日　星期四　阴

饭菜非常好,上午去倒石头散步,巨石大得惊人。下午打桥牌。天冷。

2日　星期五　阴

访明之、葆楷、苏君与泽熙。张太太美如往昔。明之不在家,王太太状似女仆。参加叔玉的午餐会,丰盛可口。午餐后桥戏,数次叫牌失误,几致不耐。

3日　星期六　晴

早乘船归来。参加桥牌竞赛,玉龙堆那一队获胜。

4日　星期日　晴

继续写文章。

5日　星期一　晴

文章写成,实在费力。

6日　星期二　晴

学生们发动了一个反对孔祥熙的运动,起因是《大公报》社论揭出孔家的狗的新闻。下午,学生以闪电般的速度组织了游行队伍,出乎有关方面意料。幸好梅校长与蒋校长立刻访问了主席,成功地劝说他在此事件中持不干涉态度。学生们秩序良好,未有任何举动。去中央银行取李恺悌的汇票。

访绍谷未晤,看见陈明仁将军,但他未看到我。

今天在吃饭上颇靡费。

7日　星期三　晴　⊗[1]

应 F.F.[2] 邀,参加下午的茶会,因此未能归来。收到14个月前自美国寄来的刊物,甚好,读《时代》二册。

8日　星期四　晴　⊗

竹　公权　振镛　衡如[3]

回到乡间。记账并记日记。写论妻子的诗一首。

9日　星期五　晴　×

日常工作。下午访了一[4],请他太太帮忙为我补袜子,并缝邮包。访陈先生及太太,吃点心。又访端升。晚写信给公权。连续两天未午睡,甚疲倦。

---

[1] 作者以"○"和"⊗""×"标记胃病情况。"○"表示稍好,"⊗"表示胃病发作,"×"表示胃病严重。"×"越多,表示胃痛越严重。

[2] 作者原本不打算发表这些日记,故其中许多人物名字、地点等仅用字母表示。

[3] 作者在日记前列出人名或单位名,表示当日给他们去信。余同。

[4] 王力,字了一。

10日　星期六　晴　⊗

公权

上午访了一，请王太太缝两个包裹，使她花费了一个多小时。在彼处吃面条，甚感他们夫妇二人的好意。去邮局寄包裹，邮资141元。妻与孩子们将收到值钱的东西。写信给他们，并附上包裹内各物清单。

近日颇懒散，必须努力工作。在下学期，希望能完成《古诗十九首释》，并继续写《学生作文中的错误》，此外，必须开始研究中国诗词格律。近来，我必须写完关于中国古代典籍的《古典常谈》，并为之写序。写两篇短文，还必须为《国文》写篇文章。

11日　星期日　晴　×

开始写短文《论轰炸》，进城。

12日　星期一　晴　⊗

采芷　读书会　文书科　冯君培　竹

收到F.C.蒋的来信，他回避不提我的申请，但答应与我商谈关于写作的一些问题。

完成短文《论轰炸》，对我来说，这篇文章是新的尝试，其中既无幽默亦无冷嘲。

13日　星期二　晴　×

这两天未午睡，致不消化。有预备警报。读《丘吉尔别传》。下午参加黄子坚的茶会，见到《古史辨》第七编（三册），编者系吕思勉、童思业。孙毓棠交来稿费80元。晚饭后访刘叔雅不遇，余冠英来，原原本本讲了上午关于莘田月薪的辩论情况。从利害的分析上我劝莘田不要辞职,他接受了。叔雅自学校来,谈"捣衣"问题,并谈及陈寅恪的《庄子补正》的序文,鲁迅和《颜氏家训》以及诸子书中说理的韵文。

14日　星期三　晴　⊗

小孟　颉刚　刘瑞芳　晶清

写信,读莘田的《四川之行》。

邀请岱孙、叔玉、继侗、端升、毓枬、心恒、了一夫妇、奚若夫妇下星期二晚7时在冠生园午餐。端升谢绝,岱孙将飞往重庆为清华借钱。归途中天气甚热。

例行工作。

寄出延陵给他孩子们的信,但忘记挂号,其后悔。

开始写散文《论身外之物》。

15日　星期四　晴　×××

例行工作。午睡3小时。

晚胃不适,多食烙饼故也。

写文章,但进展迟缓。

16日　星期五　晴　××

清晨胃不适,从无这种感觉。

完成散文《论身外之物》。

中午有预备警报。

参加了一的午餐会,未多食,然晚饭时胃仍痉挛。真恨这里的饭食。

送别郭锦尧君。访陈君夫妇,在彼处吃3块饼干。提早就寝。

莘田告知《国文月刊》下周四拟举办晚餐会,望我能出席。答以我将于周三归去。其实应该找我商量晚会的日期,因为我和这家杂志关系很深。至少冠英应就宴会安排在下半周举行而对我表示歉意,而我未得到任何形式的通知。冠英可能并不轻视我,我将以不参加宴会向他表示抗议。

17日 星期六 晴 ×

有空袭警报。上午例行工作。未能午睡。下午参加陈君夫妇茶会。

18日 星期日 晴 ×

开始写《新文学》,但进展很慢。

进城。桥戏。

19日 星期一 晴 ×

昨晚睡眠不好。到大华访邹仲博,遇礼元。听说在龙林一带有货物被盗之事。金君邀到曲园便饭,饮菜甚佳。疲倦。

20日 星期二 晴 ×

下乡去拿礼元答应带到成都去的衣箱,将衣箱送往南平电影院。在冠生园款待客人,是志趣相投者们。达生安排菜肴,物美价廉。

21日 星期三 晴 ×

晚邀礼元等去全家福吃饭。仲博与朋友们打招呼竟忽略了我。到客多商人,只每样菜略尝一点,甚可惜。昨晚未成眠。

22 日　星期四　晴　××

颉刚　志和　隐

下午参加 T. S. 教职员工会议，梅校长报告大学的财政情况及近来学生运动产生的影响。这是对三江大学学生的回答。梅谓顾一樵君今天可能来此，但未来。

参加《国文月刊》举办的晚餐会，菜不错。

23 日　星期五　晴，早微雨　×

颉刚　志和　隐

归来。日常工作。看到《当代评论》，把我的文章印得一塌糊涂。

24 日　星期六　晴　×××

总在呕水。

日常工作。午餐和晚餐时各胃疼一次，情况严重，必须认真加以注意，下周只能吃稀粥。

读完吴文祺的《近百年来的中国文艺思潮》，其中有些创见，但全文不免平庸。吴指出王国维运用西方文学批评方法于中国的重要性，以及将章太炎的理论用于口语的重要性。芝生[1]告以一樵昨日抵此。

25 日　星期日　晴

邀了一午餐，饭菜佳。餐后去端升处和一樵同见梅校长，又同到司家营研究所。然后，乘梅的汽车到蒋太太家用晚餐，有鱼头豆腐。与梅等打麻将，9 时左右回宿舍。

---

[1] 冯友兰，字芝生。

26日　星期一　晴　⊗

下午访绍谷,他曾写信告诉我他的门牌号码,但费了很大的功夫才找到它。而我刚上楼,绍谷夫妇及他们的两位朋友正要去温泉。出于礼貌,我只能站在门口与绍谷寒暄数语。我步行一小时到达那里,结果是徒劳往返。朋友间地位不同则很难再成为朋友。

有空袭警报。

27日　星期二　晴　⊗

下午访一樵不遇。有空袭警报。岱孙情绪颇不佳。

28日　星期三　晴　⊗ ×

校正《古典常谈》。出席大一国文会议。

今甫[1]举办茶会,会后访伯伦并与之共进晚餐。晚饭后贺君来访,他们有约会,我乃离去。

29日　星期四　晴　⊗

应邵、王邀到黄土坡房东家午餐。

有预备警报。晚雪屏来访。继续校正《古典常谈》。

30日　星期五　晴　⊗

继续校正《古典常谈》。

F. T. 在冠生园举办晚餐会,菜很好。我们闲谈至午夜12点后。

31日　星期六　晴　⊗

岱孙出发去重庆。开始写《古典常谈》的序。

---

[1] 杨振声,字今甫。

2月

1日　星期日　晴　×

下午做经济学监考,后悔对学生以傲慢语气讲话。
奚若还200元。

2日　星期一　晴　⊗

写成《古典常谈》序。邀 F. T. 和叔玉到天津馆吃饭。考宋诗,由于看错时间表而迟到一小时。

3日　星期二　晴　⊗

去开明访问鲁君,交给鲁500元与论中国古典作品的《席间杂谈》序。

去冈头村访今甫,将《古典常谈》序言手稿给他,他建议将标题改为《经典常谈》,但我不同意他的看法,在归途中经过考虑,我同意了他的意见。去冈头村,马路很难走,我绊倒一次。回司家营。

4日　星期三　晴　⊗

今甫　隐　芷芬　教部

上午写信。读陈梦家的《高本汉中国文法之评判》,渠[1]对古

---

[1] 渠,人称代词他,方言。

音的意见颇可贵。到邮局寄《中国近百年来文艺思潮》，附审查意见。访了一，借来《中国语法》稿并《说文诂林》二册。访陈君夫妇，听他太太说陈进城，未停留就回来。读《骆驼祥子》。读王越的《南北集》。我想，这些都是白费力气。

5日　星期四　晴　×

上午理发。读完《骆驼祥子》。写得好，没有说教，没有夸张，引人深思。它所展示的不是神秘的命运，而是社会性问题。编排与布局真实合理。

下午做日常工作。从《说文解字诂林》做些札记，如"阇""幺""辤"[1]等字的起源与含义。晚餐仅一菜，此处伙食极差，常盼着下一顿饭，过去从未如此，像在协和住院时的感觉，那时我终日无所事事，只是集中注意力于饮食。今晚，我事先命女仆烧小米粥，因而得到补偿。

寒假中拟做以下工作：

1. 读了一的《文法》。
2. 整理苏诗笔记。
3. 读《宋诗派别论》《春秋三传学》与《穀梁真伪考》。
4. 写文章给《新文学》与《四声八律》。
5. 准备《散文研究》笔记与解释古诗之观念的笔记。
6. 读查理的《桥牌自学》。
7. 读刘大杰的《中国文学发展史》与江绍源的《古代旅行之研究》。

---

[1] "辤"为"辞"的异体字。

6日　星期五　晴

除例行工作外，继续写有关"辞"的意义的材料。读了一的《语法》。晚饭后到麦地村参观装甲兵团合作社，在此遇胡团长、陈团副、钟主任及雷先生。胡在英国留学期间曾以侍从武官身份参加英王加冕礼。

7日　星期六　晴　×

日常工作。

下午胡献群上校与庄先生来访。

读完《中国现代语法》第三章。昏昏然。我想最好是恢复午睡。读《宋诗派别论》。

8日　星期日　晴

上午日常工作。下午到桃源村买点心，然后到陈、王、钱各处赠礼。特为还了一的两册《说文》和《语法》，另借两册新的《说文》。了一并让我看了《语文丛话》的目录。钱先生因为女佣走了，不得不忙家务，以致生了病。读完《宋诗派别论》，其中详细说明了苏、黄之所以称雄及江西派之分期。开始读刘大杰的《中国文学发展史》。今日买点心用去60元，未免过于奢侈。

9日　星期一　晴　××

日常工作。

得妻信，在某种程度上感到从未有过的得到妻信的快乐，它使我整天都很愉快，但进食逾量，并在晚餐后又呕水。

读刘大杰的书。这是中国文学史中写得很好的一部。作者采用近代学术成果，并能出之以简洁的解释。

10日　星期二　晴　×

昨晚因饮茶而未能成眠。

除正常工作外,读《文学发展史》,其中第一章《殷商社会与巫术文学》至第六章《汉赋之发展》,及第十四章《岑高派》至第十五章《社会诗的兴衰与唯美诗的复活》,皆甚重要,创见颇多。

下午到小镇的鞋店修鞋。今天兴致好,来人亦甚多。买鸡蛋10枚。

11日　星期三　晴　⊗

仆人清扫我们室内的垃圾,这是根据讲卫生的老传统。季镇淮、赵仲邑等人来访。季与我商量其论文题目。他对春秋时期的贵族生活有一些看法,我对此论题颇有兴趣。再者,他认为庄子在先秦时期很少引起注意,甚至到汉朝亦如此,但在清朝得到广泛引用与认真研究。告诉季必须看看《吕览》,从中看看庄子的影响究竟怎样。也不能忽略《淮南子》,该书的思想同庄子是一致的。

日常工作。

读了一的《汉字改革》,钦羡他在此书中那清晰的思想与雄辩的陈述。对其中《文言之拉丁化》一章尤感兴趣,无论如何这是必要的,但我对方言土语拉丁化的方案不甚欣赏。

读陈太太翻译的卡尔格林的《中国语法绪论》,写得很好。卡尔格林关于《经典释文》的评论对我很有启发。

抄录傅孟真[1]先生引用刘大杰先生《中国文学发展史》中的话,但未能找到其出典。

---

[1]　傅斯年,字孟真。

12日　星期四　晴　⊗

例行工作。下午陈梦家来，其夫人因胃病不得不休养，此在余意料之中。读方孝岳《春秋三传学》，对古代学说提要叙述，却丝毫没有把那些思想加以近代化的意思。特别是一个年轻作者，不受这些思潮的影响，确实难能可贵。将《中国文法绪论》的翻译稿归还陈，并交给他印章，请他帮助到学校取挂号信。

13日　星期五　晴　⊗

例行工作，并读卡尔格林氏之《哲学与古代中国》译本。晚间打麻将。

14日　星期六　晴，风　×

上午何先生因肠炎住院，所有的人都为之震动，何的病使人不安和恐惧。读完卡尔格林的书。接妻信，得知乔患牙疾。礼元的东西须到泸州去取。天冷。

15日　星期日　晴　×

打麻将，从昨晚直至今日凌晨，4时半睡觉，9时半起床。陈先生写信邀我12时用午餐，10时多去那里，午餐已经开始，不悦于这种缺乏一定礼节的款待，但菜肴不错。又进食逾量！

访查君，玩"捉皇后"，至3点钟。访了一与端升。前者告诉我若干关于张德章坏脾气的事，后者谈及北大的政策。访芝生，但他与冯太太外出。陶重华自城内来，在此处打麻将。朱肇祥君去医院看望善周。他只是患流行性感冒，并不是伤寒，他准备明天回来，因为他不相信那个医院。他入院后滴水未进。在疾病的捉弄下，受害至深！

有人告诉我上午降雪。

抄录卡尔格林书中的一些评论。

16日　星期一　晴

华昌的郭毅庵邀请在龙东公司午餐。饭菜佳,并有外国烟和白兰地。访芝生,得知不少消息。因肠道消化不良,故早眠。

17日　星期二　晴

隐

记日记。与了一夫妇共进午餐,午餐后与了一做颇坦率的交谈。王太太为我做肉末花卷,今日进食逾量。读完张西堂的《谷梁真伪考》,此书并无独创性,但便于做参考。何君归来。

喉部略感不适,既未做操,又未洗冷水浴。

18日　星期三　晴 ⊗

下午进城。因为绕道去罗丈乡而迟到。先到二弟处找钥匙,然后到玉龙堆,得知厨子死了,据说是患斑疹伤寒,他听从朋友的主张乱吃药致死,真可惜。在弟处晚饭吃点心。

19日　星期四　晴 ⊗

乘马车去梨园村,几乎对每一家都拜了年。在赵宗尧先生家用丰美午餐,腌猪头肉很好。

下午去大普吉,那里的每一个人似很冷淡,后悔我竟有兴前往访问。栗成之今晚将在普吉演出的剧中唱歌,但无人告诉我这一消息。遇子卿并看望其妻,他们已将三鹏送走,孩子感到很好。黄太太赠蓉隽红绸一块。在达元家用晚餐,与任、余、吴桥戏。

饮浓茶,睡眠不佳。

20日　星期五　晴　⊗

访施嘉炀不遇,他的太太热情地以面包、黄油和咖啡款待,手艺高超。应正之[1]邀午饭,菜名贵且做得好,甚感谢之。乘马车归。虽感疲劳,但从早起就继续读鲁道夫·卡尔纳普的《哲学和逻辑学的句法》,终于读完,感到此书过于简略。接章雪村信。给文藻1000元。晚访卢并就此商谈。称得体重116磅。

21日　星期六　晴　⊗

车家壁

昨夜失眠。上午与李、邵急于赶火车,在陶家吃早饭。去医院看望周培源太太,她住的房间是最好的。访萧先生一家。宿周君处。吃得很好,但倦甚,被子太重,未能安眠。

22日　星期日

下午乘船归来。今日两次读鲁道夫·卡尔纳普的书。倦甚。

23日　星期一　晴　×

请继侗在"故乡村"用早餐,汤包很好吃。访奚若夫妇,张太太请我们去用午餐,谢绝之。回到乡间。善周仍在病中。

24日　星期二　晴　×

竹　芝生　文珍

---

[1] 吴有训,字正之。

与一多、重华、慎予同至蒜村访冠英夫妇,在此食萝卜饼。冠英次子退学,他太太较前健康。游黑龙潭。开始读《论道》。疲倦。

25 日　星期三　晴　⊗

日常工作。读金岳霖的《论道》,很难懂。累极。

26 日　星期四　晴　⊗

从早到晚做例行工作。芝生来取走《新原人》稿本。疲倦。

27 日　星期五　晴　⊗

读完《双剑誃殷契骈枝》。准备关于散文的讲课笔记。

28 日　星期六　晴　×

上下午都在准备《文辞研究》的讲稿。冠英夫妇来。有 3 名学生离开。读完《双剑誃殷契骈枝续编》,写得清楚明白。

3月

1日　星期日　晴

竹　余冠英夫妇　礼元夫妇

做《殷契骈枝》与《续编》的札记。学生们已走。下午许多客人来访。胡上校亦是来客之一。他参加了蒋介石召开的军事会议，说蒋很乐观。他声称蒋曾预言目前战争的形势，并认为英国人说他们在远东已严阵以待，并非虚声恫吓。就他们对日本军事力量的估计而论，他们确实做了准备，但他们西方人可能不了解东方人。西方国家要依靠科学打赢战争，美国科学比德国先进。而我们东方仅依靠道义。据说，几天前中央军与地方军队的冲突，中央军向地方军营房方向追捕一逃兵时，突然遭受机枪扫射，伤亡较大。地方军死亡8人。上午两名逃兵在这里被枪决。

访了一，归还《汉字改革》。

2日　星期一　晴

进城。取薪给。得知广田与志毅来并于星期三举行讨论会。读目人的《青城枝叶》，颇有趣。文藻来信。章君还1000元，但还了钧石的款只剩二三百元。这不能不令人感到意外和失望。晚访广田，试验电灯。

3日　星期二　晴

士生　采芷　北碚

登记上散文课的学生们都未来，但我还是给旁听生们讲了一个多小时。

买一小蚊帐，将《我的叙述》交商务，取回无法投递的电报的费用。付开明书店500元。寄卖《中华字典》第一册。去拍卖行寄卖4个灯泡。读曾的《大诰》笔记。

4日　星期三　晴　××

写《文学的语言》一文。下午将邮包通知单交办事处，委托他们去取。晚开讨论会，开得甚活泼。经今甫介绍接英国新闻专员的信，商谈编辑《近代中国诗选》问题。因吃点心，致胃不好。

5日　星期四　晴　×

晶清　芷芬

在乡下。访了一。他说住在他家的女生经常不报告任何人就从图书馆拿书来读，她认为这毫无关系，不以为耻地告诉了一夫妇。我刚走她就成功地拿了几本书来而无人察觉。这可怜的女孩子不自知这是何等肮脏。梦想不到这里的松散现象。与人打交道确实是艰巨的工作。

访陈梦家。其夫妇二人对我不如过去友善。我理解这是他们好客的多面性，但我可能并未猜中。今天陈太太不在家，陈君暗示我向大学推荐他，我表示注意到这一暗示，但未做任何允诺。我要考虑一下是否插手此事。

致图书馆管理员殷君一不谨慎的信，并未弄清情况即简单地提出吴梅的问题，实际并不那么严重。我在滥用自己的影响。今后采取任何步骤之前不可头脑糊涂。

访胡上校、唐先生与冯大夫。陈曾无情地指责后者,但不一定公平。我也不喜欢冯。其妻是我同乡,像是一位驯良的家庭主妇。

今日只读《说文》。

6日　星期五　晴
读完《普通小学历史教科书》及《论道》。

7日　星期六　晴
摘《论标识语》。上午理发。赴王维诚夫妇茶会。贪食。做遇夫著作的札记。

8日　星期日　午前晴,午后雨,降雹　×
上午与一多同访谢文通,商谈诗选问题。然后应冠英邀午饭,菜甚佳。饭后又访今甫,商谈诗选问题,在那里饮咖啡。乘马车进城,遇3次降雹,衣服尽湿。岱孙归来,听到新闻甚多。晚再降雹。

9日　星期一　晴,下午雨
老李带我的字典来,随即把它送到开明书店,并还500元给他们。奚若来访,长谈。

10日　星期二　晴　×
上午访履荇,并邀他到"天南"午餐。下午取米贴,并寄成都500元。晚F.T.邀至冠生园,主客有杨君夫妇。此后在莫家饮咖啡。倦甚。

11日　星期三　晴
竹　公权

上午赋诗一首。写信给竹与公权。下午归来。陈梦家太太已经吴君推荐获准教授一年级英语。

12日　星期四　晴
公权

日常工作。疲倦。继续写《古诗十九首释》。读金岳霖的《论不同的逻辑》，甚简要。

13日　星期五　晴　×
日常工作。开始注释《古诗十九首释》的第八首，进展顺利。又进食逾量，必须控制贪食，常花钱买病，这确实是用牙齿掘自己的坟墓！

14日　星期六　雨
继续写《古诗十九首释》，解释到第八首。

15日　星期日　晴
注释《古诗十九首释》，第九首已毕。进城。

16日　星期一　晴　×
下午到银行取稿费，意外遇绍谷。于是乘其汽车至中央银行，承他关照取了稿费。邀绍谷至冠生园吃点心，遇其友李先生。

17日　星期二　晴

昨在中国社量得体重，仅111磅，最近期间减轻5磅，必须引起注意。在绍谷处午餐，饭菜佳。遇徐辛勤，老也改不掉出语伤人的习惯，对此，也给予针锋相对的回答。见小韩，彼因吃鸦片，故很虚弱。绍谷谓小韩生活飘浮。读《符号逻辑》及《社会科学》。

18日　星期三　雨

文藻　雪邮　松兆　采芷　父亲　三弟　歌川　志岳　炳之读书通讯社

今日甚冷。

试读《文法与符号》，是一部相当学究式的著作，只能很慢地读，不能全懂。参加讨论会，会上由慎予演讲。他到我房间来请我参加，只得从命。他有些新的观点，表述得不很好。

19日　星期四　阴　×

归来。开始读一多的《周易义证类纂》。写日文。准备《文辞研究》的讲稿。有预备警报。

20日　星期五　阴晴不定，上午风雨

读完一多的文章。写得很好。继续准备散文课。

21日　星期六　阴晴不定

晨兴，温理《文辞研究》讲稿，并摘记《周易义证类纂》中有关诸条；其涉及狱讼者，但志其目。旋续作《新文学运动》一文，未成一字。午后小睡甚美。今日两餐皆吃胡豆饭，不觉逾量。晚餐后复饮茶数碗。拟《诗的语言》讲稿，遂达深夜。初不成寐，继以呕水，又感足冷腹胀，竟夜未能得甜酣也。

22 日[1] **星期日 晴** ⊗

隐

午后落雨片刻。为用白话重写《新文学运动》一文而伤脑筋，浪费很多时间。

进城遇雨。得弟媳信，对我痛责。她说我的沉重负担使她终日忧虑，而她的数封来信我均未作复。这是她第一次公开严厉地责备我。信系寄给温特，托他警告我。温特确实很好，给我看了这封信，并建议我可请阮公纯按月寄生活费给父亲。我讨厌这种关系，但我一点也不能使处境好些。给她写去一封殷勤有礼的信。然而对她的责备，是断然不能忍受的！这就是人生！

23 日 星期一 晴 ⊗

西撒

再读霍洛维的《文法与符号》，难于理解。晚买麦片及糖。到永安问灯泡是否卖出，但未找到，事颇可疑。下午至黄土坡访襄七，西撒已去畹町。襄七不知廖心甫住址。见高梓，颇显老。十三弟因沙眼由航校退学，拟参加先修班，襄先嘱询手续。遇邹恭甫。

24 日 星期二 晴 ⊗

襄七

完成文章。参加陈序经的咖啡茶会，食品精美。晚上买三副

---

[1] 22 日的日记系用中文书写。

下体护身裤。

25 日　星期三　晴雨　⊗

读完霍洛维的文章,并开始摘记。晚做《诗的语言》的讲演,准备不够充分,闻一多出席,因讲台太低,几乎不能控制自己,情绪不稳定,声调也不自然,总的说来是失败的。了一接张梓铭信,要求见他,可能是为东方语言学校的事。看见一部分部聘教授名单,不能胜任的太多。

26 日　星期四　晴　×

归来赶上午饭,因累极,吃普通米即胃部不适。上午烹蛋失败。我独自生活,吃很多蛋糕,这是胃病的一个原因。我必须在此搭伙 15 天半,伙食又糟得可怕。一多要了菜和汤,但女仆少放猪油,这是由于钱不够,如果每人在发薪日交足自己应付的一份钱,是容易安排好的。但闻家常常缺钱,于是我们就处于混乱中。

27 日　星期五　晴,不定　⊗

工作进展缓慢。摘记《穀梁真伪考》。甚疲倦。看旧日记,感想很多。继续写《新文学运动》一文。

28 日　星期六　晴　×

继续写关于《新文学运动》的文章,今夜完成前半部分。

分别访问陈、王、冯君,归还王君两册《说文》,陈君还我两本期刊,借冯君论人的新论文手稿第一册。冯谓汤、陈二位已列入国立大学教授候选人名单。他认为教育委员会已将两件事混在一起:首先,他们想把一些教授调到急需他们的大学中去;其次,他们想建立教授职位的荣誉制度。这些设想，分别来看是好的，但不加区别地合在一起，就会弄得一团糟。

整日感到混乱，决定从3月起在乡间用特殊饭食，这对我来说，将是有效的治疗。

妻来信说，那位尼姑房东提出房租涨到5000元，如有人租用，妻须迁出。妻在等着瞧。我想这是我们所能采用的最聪明的策略。

29日　星期日　晴　⊗

竹　春帆

继续写文章。下午进城。经过北仓长长的石路到金刀营。很晚才到达，好像是一条茫无尽头的长路。然而到金刀营，走别的路也需一小时。晚，桥戏。

30日　星期一　下午暴风雨

读胡适博士的《小取篇新诂》。将薪金兑成现钱，拿到钱后不久即风雨大作。在生物系实验室避雨，等得很焦急，而且那里冷得可怕，最后冒雨而去，旋即雨后天晴，衣裤尽湿。

今日著文二页。

31日　星期二　晴　×

继续写文章。晚间去买食品，准备自己做饭。到永安取灯泡钱，发票开得不对，不得不查找一番。

食点心。

4月

1日 星期三 晴 ⊗

文章写成。培源还50元,感谢他的好意。38师副师长今晚访F．F．,他谈吐坦率,告诉我们不少消息。但我很疲倦,不能整晚时间都集中精力听他讲话。

2日 星期四 晴 ⊗

归来。还骏斋[1]200元。日常工作。

3日 星期五 晴

昨日起自己做饭吃。如此,胃似好些。上午理发。日常工作。

访端升,参加陈君夫妇晚餐会。烫面饺很好吃,菜肴亦好,我很满意。遇向觉民君,他计划去敦煌。与唐太太及孩子们一同归来。天甚黑,但唐家带着灯。

读《桥戏经》。

4日[2] 星期六 晴 ×

昨晚在陈先生处进食逾量,又饮清茶二碗,当时即觉不适,

---

[1] 许维遹,号骏斋。
[2] 4月4日、8日的日记系用中文书写。

又倦甚欲睡，归后如厕，始复清醒。就枕后不能成寐。久之入睡，亦不安谧。凌晨呕水，胃部似小抽搐。兴后，如例工作。午后小睡。醒后仍读《说文》、日语。既竣事，乃阅《桥戏经》。此后例行工作当尽3小时内做毕，方有余暇治他学也。晚餐时略感胃逆，旋愈。重华来，餐后仍阅《桥戏经》，尽之。

5日　星期日　晴　⊗
读完《桥戏经》。
下午进城。室内诸君均甚疲劳与沉默。

6日　星期一　阴雨　×
竹　叔湘
摘记《文法和民族》一文。晚桥戏，负之。寒冷异常。

7日　星期二　晴
继续做霍洛维文章札记。
晚上采购。取回灯泡钱。

8日　星期三　晴　○
日间抄霍洛维论文竟。晚挟行军床至永安行寄售，估价者系一少年，其人极有口辩，力言帆布已破，仅可按床架论值。余拟售120元，以昨晚曾询彼短须评价人，渠谓可售100元左右也。该少年仅允标50元。商酌久之，增至60元，余欲加5元，渠云5元只值几毫耳，竟为立据。事后思之，帆布虽破，仍值五六十元，床架亦值五六十元，以60元出售，实所不甘。而竟惑于该少年之妄说，草草立据，余之疏于应世，可惧如何！此其一。余语气太谦,思想极缓,致遭此失,此其二。该少年实奸商之尤,侮余如玩之掌上,可恨之至!此其三。心中愤懑,不能即释,归后略述梗概,即被嬲作桥戏,错误百出,殊觉索然寡味。

9日　星期四　晴　×

上午归来。人们谓新近驻扎此地之士兵暴戾,彼等随心所欲,一士兵昨从此屋偷去一块肥皂,一多与数名士兵口角,因彼等坚持要在我们室内做饭,一多拒绝之,然彼等仍不退去。今日午后彼等又来拿砖,且出语伤人。晚携灯外出,一士兵走近见灯,又复谩骂。他们竟确妒恨我们!对学校来说,他们纵不形成威胁,也是令人生厌。该部乃属71军。

10日　星期五　晴　⊗

例行工作。在钱家午餐,面和菜均佳。钱君对政治和军队之贪婪殊感愤慨,特别对高级军官之奢侈生活愤愤不平。因此,他主张战后必须来一次革新,但他并未提出此革新之中心。……晚饭时,闻的孩子和他父亲坐在上座,这已经是第二次。闻的孩子曾说闻是我的老师,这当然很可笑,但可以看出他对我的评价。孩子的评价尽管不必认真,但过于尖刻了。应该加紧用功,从此言行宜更加谨慎,时刻牢记"忧谗畏讥"之语可也。

11日　星期六　晴　○

日常工作。准备散文课。上午丁一来访,谈及东方语言学会。张廷休、吴文藻与颉刚署名来函,分别邀莘田、丁一为学会发起人。莘田主张直爽地谢绝之。他草拟一复函,二人都签了字。我劝丁一辞去东方语言学校筹备委员会之职,因张迄未对他有所礼遇，他接到任命，但迄未作为委员而得到邀请。一多对了一颇冷淡。了一邀午餐，关于如何提出辞职，我给予不少劝告。

12日　星期日　晴　⊗

早，就谢朓的诗记《四声谱》。下午进城。

13日　星期一　晴　○

下午写信。晚上桥戏。开始讲授大一国文。

14日　星期二　晴　⊗

迈先

下午写信。晚饭后到永安取寄卖的行军床，价100元。到开明取《烟草》一书的样本，知卢已去桂林。到"永香斋"购椒盐饼二枚，甚好。玉龙堆的燃料消费成了问题，每月约需燃料1000斤。量体重为109磅。

15日　星期三　晴　○

季谷　江清　采芷　王瑶　王时风　竹　景卿

一僧人二周前来函，从手迹看，我们猜想是个女特务。她今晨来访，余曰不识，然彼谓曾在梨园村晤面。其函可能致余同名者。僧人询许钦文住址，答以无可奉告。

去大学，读洪谦文章，洪系维也纳逻辑学派发起人。

访今甫，将了一所搜集有关语言研究之目录交他。今甫已收到我为《中国古典著作》所写之序言，并加以修改。余加改二处。今甫示余杭立武信。

16日　星期四　晴　⊗

日常工作。为缝袜子与被子用去约二小时,缝纫实难事。午睡甚好。

17日　星期五　晴　○

日常工作。了一来访并邀午餐,有些菜好,然面条不佳。为了一分别起草致张、顾函件。访端升,惊扰其午睡,悔之。

18日　星期六　晴　⊗

日常工作。就谢朓诗记完《四声谱》。晚准备星期一讲稿。

19日　星期日　晴

报载日本昨日遭美国空袭。上午读《桥戏经》。下午进城。晚上桥戏。

20日　星期一　晴　⊗

心绪甚好,遇丁福申商谈到附校讲演问题,有些话讲得不妥。下午到师院做《了解力与欣赏力之训练》的讲演。晚陈仕林及叔雅来。

21日　星期二　晴　○

读洪谦学术论文竟。晚去拍卖行,行军床尚未卖出。

22日　星期三　晴　⊗

子雄　竹　雪舟　拾遗　父　文藻　孟实[1]

---

[1] 朱光潜,别名孟实。

归来。闻毫无理由地缺席一周。作《车中观晚霞》诗。

23日　星期四　晴

日常工作。准备散文课。耗4小时写诗答赠公权。

24日　星期五　晴　⊗

日常工作。写诗费时过多。准备散文讲稿。老李将新购之猪油洒了,加之女佣做了鸡蛋面,因此午饭吃得很不痛快。

25日　星期六　晴

日常工作。71军移此。安有一部电话,喧扰殊甚。该部属特务营司令部。

今甫、枚荪、端升、华恽夫妇及饶太太来访。今甫指责清华不委任宗岱为西语系文学与语言教授。

读芝生《新原人》手稿,写得很好。读《中华新韵》例言。

26日　星期日　晴　×

上午摘抄《新原人》。午餐后本拟进城参加清华纪念会,但遇预备警报,约40分钟解除,急忙进城赴会。刘驭万报告陈三才殉国始末。冯芝生归。听到开学术会议及寅恪、公超之消息。晚饭后刘来玉龙堆,刘君谈话甚有趣。疲倦。

27日　星期一　雨　⊗

感冒。晚间停电。糟糕。

28日　星期二　晴，阴晴不定

上午到师范学院附校演讲。访黄、魏不遇，怒而返。俄而黄来，谓因去教育厅借款而迟到之，邀余在昆联午饭，食逾量。晚写信。准备明日演讲。晨晏起，7时20分始到教室。

29日　星期三　雨，阴晴不定

公权

吴承起君下午来访，谈及评议会事，然评论中颇有保留。彼谓我系无指定之候选人，颇怪。下午采购。行军床已售出。昨夜睡眠不好。

30日　星期四　阴晴不定　○

公权　竹

上午读张骏祥《喜剧之导演》。取月薪。下午与吴正之谈，提出一愚蠢之问题。接父、转子及竹信。父竟至欲将棺木出卖。转子信甚有文采。俞罹病。

5月

1日　星期五　阴晴不定
日常工作。备散文课。腊戌昨日陷落。政府禁止大钞。

2日　星期六　晴　×
准备《文辞研究》讲稿。下午与春晗[1]访陈明仁,不遇。访钱、陈、冯。借得冯君《新原人》第二册及三本《思想与时代》。

3日　星期日　晴　⊗
日常工作。备散文课。邀请特务营军官,面条颇好吃。
除读书外,务防于琐事上浪费时间。下学年前,必须研究青铜铭文与甲骨文,并读以下书籍:
《周礼正义》
《仪礼正义》
《庄子》
《列子》
《文选学》
《中国古代旅行之研究》

---

[1] 吴晗,原名吴春晗。

《经学史》
《章氏丛书》
《五观堂书》
《左盒集》
《管子》
《淮南子》
《吕览》
《史记》
《汉书》
布鲁姆菲尔德氏著作
斯特恩氏著作
《吉金文选》
全诗
《后汉书》
《三国志》
《山海经》
《穆天子传》
《诸子系年考证》
《周初地理考》
《通史选读》
《夏史》
《世界史纲》
《训诂学引论》
《韩诗》
《中国音韵学》
《日知录》

《困学纪闻》
《古书疑义举例》
《文法哲学》
《心理学》
《楚辞注》

4日 星期一 晴 ○
公权
下午进城时始知有空袭警报。晚与继侗同去买点心。余行甚缓，彼屡顾余，终徒然。

5日 星期二 晴 ○
做张骏祥《喜剧之导演》札记。12时半有第一次警报，2时半全部解除。
交500元给开明书店李君，他陪我去妇孺医院看望吴太太，彼将于明日出院，得一男婴，重8.5磅。

6日 星期三 晴 ○
竹 圣
继续摘记张文。寄竹400元。归来。昨日读《小学生诗选》。日常工作。开始读郭沫若的《中国古代社会研究》。

7日 星期四 晴 ⊗
发现大便色黑，不相信那是由于内部出血，但终日未能释然。郭毅庵君赠面包若干，甚感。中午长睡，近日从未如此久睡。日常工作。读郭著一章，此书前三章学术性不强。作者在序言中已指出此点。上午理发。

8日　星期五　晴

日常工作。了一邀余及骏斋至其家午餐,菜甚好。继续读《中国古代社会研究》。消息不好。

9日　星期六　阴晴不定

据说敌人被阻,汇通桥已被炸毁。

读完《中国古代社会研究》,就整体而论,这是一部划时代的书。近10年来,在细节上之研究无疑已大有进展,但除作者外,仍无人敢于尝试改善其全面观点。

向达君下午来访,谓日本人可能从文山进犯,形势将很严重。今日有预备警报。

10日　星期日　晴　○

上午读冠英《中学国文教科书》中《关于白话之教材》一文和慎予之《贾岛年谱》。皆甚佳。下午进城,与陈谈李的消息,意外的是,诸人皆极悲观,有人甚至持昆明亦将沦陷之论调。晚桥戏。

11日　星期一　晴　○

下午预备警报。魏君来访,告以大一国文委员会将于6月中旬开会。晚桥戏。

12日　星期二　晴　○

上课迟到。做张骏祥文札记。叔玉对培源与继侗之嘲笑怒形于色。他们通常笑其对英国的羡慕。

岱孙认为F.T.在桥戏中对其批评太过。

去地坛，借二书。端升晚餐后留此长谈，培源认为我可能会捎信给钱太太，我应下决心不去访问周家。

13日　星期三　阴　○

梅校长邀至西仓坡与莘田共判云南留学生考试之语文试卷。有预备警报。在此食用三餐。晚饭后取馒头，似有些贪婪。听一多讲《洪水故事》，明白，风趣，且系重要问题。余以为盖天说为一大发明。不久落雨。

14日　星期四　晴，晚雨　⊗

竹

上午洗衣并写信。下午至图书馆研究《经典常谈》中之两问题。看来须加校正。中文系开会，决定下学年余任宋诗、文辞研究与文学批评课。莘田邀至"靛花春"晚饭，饭后谈甚有趣，因谈话皆海阔天空自由聊天故也。读完星期一赵仲邑及星期三傅懋勉、林抡元、王震寰之考试论文。

15日　星期五　晴　○

化成　中英

上午在乡间，拿一小包面粉给王太太，劳渠为我做点猪肉饺子。写信给中宣部、《全书》编纂处及伯鹰。

16日　星期六　晴　○

中宣部　伯鹰　《全书》编纂处　公权

上午洗衣并寄信。接竹信,谓俞病已愈,甚喜。下午准备《文辞研究》之讲稿,但写出不多。庄纪泽归来,述战役经过。晚读冯的《新原人》五至七章。第七章《天地》尤重要。"同天"境界及"二氏"之方内、方外的解释与批判,皆为创新之见解。然对"大全"与"日用"之调和一点,说明不够充分。了一来取走语法书二册。

17日　星期日　晴　○

上午读王融与阴铿诗。同王君夫妇共进午餐。王太太为做馅饼,甚感。彼拒收猪肉款,猪肉耗约14元,携馅饼进城,作为礼品与同室诸君共享。李似已与叔玉和解,料想继侗曾去他家道歉。晚间停电,糟糕。读芝生《原杂家》。Y. 张君来访,谈及罗隆基事。

18日　星期一　阴

参加梅校长茶会,遇萨金特君,系印度教育部官员,谈吐大方。晚桥戏。

19日　星期二　阴　○

高教司　大一图书会

昨夜降大雨,屋有漏处。下午魏建功来访,谈大一国文编选会议事。林抡元来谈写论文计划,甚有体系。

20日　星期三　阴　○

竹

写飞往重庆之申请。访梅校长与楚洪君。归来找不到余照片底版,发现余之锅失踪,几乎发作。在此情况下须自控制。

037

读马亚夫斯基文章并做札记。

21日　星期四　晴　⊗
竟日准备《文辞研究》讲稿。

22日　星期五　晴　×
读完芝生《新原人》手稿，做札记。
访了一、梦家与端升。了一告以昨日教授会上发生之事。讨论敌人之进攻，做出某些建议。与端升共进晚餐。读季镇淮《原法家》。

23日　星期六　晴　×
读范宁《抒情及其方式》，中心意思说中国古代抒情诗比后世，即魏晋以后之抒情诗更为感人。但分类不够合理，举例亦似武断与拼凑。
写有关王安石给蔡、叶诗及与沈辽三首和诗之评论意见。
访芝生，归还其手稿。夜间失眠。

24日　星期日　晴　⊗
上午编草蒲团，并洗衣。下午进城。晚洗衣。

25日　星期一　晴　×
下午去中国航空运输公司，将申请书交与负责售票者。彼告我审查员上午办公，他不负责收申请书；余求彼给以照顾，答以若申请书丢失，概不负责。——审查员的确有时丢申请书。为此感到很不愉快。

访萼邨,彼仍任中国茶叶公司经理,谓分公司经理昨夜逝世,且谓其人似有消化系统病,医生认为其消化系统不能吸收营养,但渠并不在意,仍喜食肥肉,却一天天瘦下去,然死前仍活跃而高兴。这一情况给我以严重警告。

晚桥戏。莘田访心恒。彼告以那位丑角式人物已撤回辞职申请。今甫对彼印象极坏。

下午访建功。

26日　星期二　晴　○
冀野　竹

上午到医院打预防针。访魏并给予1000元的收据,谈话中嘱其代购机票。晚胃有反应。

27日　星期三　晴　○
终日倦甚。

上午室外一片寂静,绿色的树在阳光中映出银色的阴影,一种夏日之感,使我感到安慰。

夜间停电,但月色静静地映照着屋前的小小荷塘,有一种远离尘世之感,唯为时不久。

28日　星期四　晴　××
沪信4　文藻　闰　遂　父

归来。准备散文讲稿。午饭逾量致胃病发作,半日不适。

29日　星期五　晴　○
萼邨

整日准备散文课。在反对魏之态度上，直言不讳。

30 日　星期六　晴　○

准备讲稿。

31 日　星期日　晴　○

下午进城。近日各桥戏队已归来。第一队与第二队失手，其他二队皆赢。有人讥刺取笑失败者。

参加梅校长晚餐会，饮酒逾量，意外地醉倒。访魏建功。

6月

1日　星期一　阴

上午宣布宋诗考试,得阅卷费 200 元。晚应郑萼邨之请晚饭。

2日　星期二　阴晴不定　○

有紧急警报。下午张奚若来。

3日　星期三　晴

至航空公司询机票,谓仍须申请书。访魏。晚桥戏。慎予邀晚饭。

4日　星期四　阴晴不定

与魏去中航公司,魏之同乡李世健君帮助取得经理之同意,允 15 日前动身。李家治君亦帮了忙。

晚桥戏。昨接卢电报,许供回程旅费。

5日　星期五　阴

企孙　秋原　慰堂　三弟　商务　心余　陈震寰

读完《经学抉原》。

参加中学与小学之演讲比赛,被聘为裁判之一。共 36 名候选者，进行 4 小时，演讲者们都很行，尤以包括高中学生之第一队最为突出。为我们备了晚餐，但事先未通知。应 T. T. 共进晚餐之邀，不得不走很远的路，结果比预定之 6 点钟晚到一小时，为此不快。遇 3 名在美生长之华人。在莫克之家饮咖啡。归来后知吴君今日情况严重。

6 日　星期六　晴　○
采芷　李家治
吴仍处于危险状态。归来。下午移床至新居。晚读余冠英《论七言诗的起源》。此间伙食问题日趋严重，上月我等之伙食费达 300 元之多。

7 日[1]　星期日　阴晴不定
入城，遇雨。韫珍卒，未及往视殓。开殓时同仁绕棺一周。有花圈二。在钱宅午膳。访了一，知李某所叙粤秀之事，不尽可信。

8 日　星期一　雨　⊗
访建功。姜亮夫夫妇及李家治分别来访。李谓须作一书致阎。晚桥戏，徐么挪揄，余怒形于语言。

9 日　星期二　雨　⊗
阎主任
交入成绩。午后魏来访，以大一国文案交余。早访家治，以

---

[1] 由本日起至本月 26 日，作者用中文书写。

致阎书托之。重读《经学抉原》。晚入市购点心作明日茶会用。端升谓有钱应多为子女营养计，语甚是。晚得慰堂电，欢迎住馆。

10日　星期三　阴　×

竹　圣

警报。午后访魏。茶会。晚桥戏。冠英茶会时来访，余礼貌不周，为歉。

11日　星期四　晴

克家　一多　正宣

早缝补。晚毅生莘田约饭。下午托慎予还书二册，晚李家治来告，次日11时至公司。

12日　星期五　晴

11时到公司，家治已在门前相望，磅行李时颇帮忙。余对蒋经理太客气。12时半赴机场，遇仲博送客，遇阎主任。下午2时45分起飞，5时45分到，即投企孙处宿。晚饭在廷黻处。餐后做桥戏，有王祖廉夫妇。

13日　星期六　晴

竹

早访魏，饭于卢冀野家。与魏同至教部，访俊升、一樵，遇段熙仲，甚朴实自然。午后访慰堂，已赴白沙矣。访三弟，购布鞋一双。晚卢约饭，菜甚佳。座有俊升、刘钟明、建功、傅君。卢夫人甚和蔼。

14日　星期日　晴

早应冀野约，至冠生园，生意甚佳。遇梅贻宝夫妇。误认梅夫人为周夫人。至南岸访学濂夫妇。登山汗出如浆。遇江梦生夫妇及儿女。午餐后小睡。归途访秋原不遇，以礼物交其弟。遇小陆，又遇联大学生数人，皆开校友会归来者。据云张常安亦出席。

15日　星期一　晴　×

莘田　岱孙等

晨赴部开会。伍叔傥主张多选长文，至午后草目确定。长篇太多。晤萧家霖、何亮二君。观陈石珍、张梓铭，张甚傲。任约至沙坪坝讲演，恐须勉往一行。在部两餐，每餐200元。今日会中有王驾吾君（焕镳），晚访小陆，晤秋原、伯鹰及曾履川。曾以自书集杜一纸见贻。观曾《江楼诗》一册，嘱和。

16日　星期二　晴　×

上午选目核定，并定例言4则。午餐见鲁荡平、周伯敏，谈命机津津有味。孟师亦在座。午后俊升咨询改进大一国文办法，归纳4点意见，颇切实。又谈历代诗文选事，众意定本不易编，余表示分段意见。3时许赴北大同学会。张国焘、陶希圣、徐茅在孟师左右。张、陶均被邀发言，张寥寥数语，陶引申孟师语，甚详。孟师谓文化之发展，先须留学；谓初期士大夫不知西化，加以无视，为学者不外买办及宗教师子弟，嗣后士大夫子弟乃渐有出国者，蒋、胡、陈皆其人；既归国，乃有文化运动；未谓当接受西化，似于本位文化及中印以佛教沟通均有微词。晚访浦、王，过定时未遇。

17日　星期三　阴 ⊗

莘田

上午参加国语推行会常务委员会，较重仪式。余提修订标点符号案，通过。即委余起草，定 11 日开大会。下午小睡，访伯鹰，未遇。至组织部，送奶粉。早缪培基君来访，至是回访，未遇。晚饭后蒋师谈联大事，谓不能有所举动，以对校中意见无把握。元一来访，谈发现国文字谱及桂林唐代佛像及中大历史系情形。逖生来访，谈甚趣。约星期六往访。

18日　星期四　阴雨 ⊗

晨小睡。读《蒲剑集》中重要各篇。午餐后遇张子英君，以为日将攻苏，廷黻论陈公侠之为人。午后访化成，谈小疏小草竟。晚访建功闲谈。并还《蒲剑集》。归后起草明日演讲大纲。睡后久始得眠。

19日　星期五　阴 ×

晨赴沙坪坝，伍约午饭。饭后讲演文学与语言。建功讲中华新语，颇有条理，且浅明，伍按语似扬魏。伍人甚怪，只可一笑置之。伍痛责蒋师官气，此亦有是处。晚餐辛树帜、罗雨亭约。归车人极拥挤。归后闻当局有撤退昆明机关令。

20日　星期六　晴

晨访逖生、化成，访景怡不遇。访姚蓬子，逖生、化成约午餐。午后往询飞机，谓星期四方有之。晚蓬子约在"小洞天"便餐，川菜甚美。饭后饮茶长谈。周钦岳、叶以群亦偕在，蓬子嘱约人做社论及办学术半月刊。

21日　星期日　晴　×

热甚。昨晚饮茶过多，失眠，早访竹一夫妇，久始得其居所。竹一近在昆住二周，竟不一存问，闻之兴味索然。留饭，谢之。午后大睡，卢吉忱约晚餐，借吴铁城庖人，菜甚佳。遇狄君武，吐属不雅之甚。午后蓬子来访，同赴卢宅席。其后蒋约桥戏。遇韩树棠，气焰殊高，终夕不受用，又失眠，已三夕矣。

22日　星期一　晚雨

秋原　竹　学濂

晨送魏行。作《写作杂谈》一则，应卢之嘱。下午三弟来，托购物，晚冒雨至，馈烟及点心，可感也。晚餐遇王文伯，语音与雪屏如一人。下午逖生来访，殷殷可感。早间又着人送信来为接洽车位。

23日　星期二　阴　××

慰堂　吉忱

昨晚未能成寐，晨3时起，4时许至机场，5时半起飞，系运输机，2时20分到，昆明方雨。下午访莘田及许七，在袁氏夫妇室内食咖啡及桃子。莘田谓选目有复古倾向，下学年暂不试行。晚梅先生约饭。

24日　星期三　雨　×

逖生　竹　王毅侯　吉忱　元照

早访二弟，见今甫，今日集体阅大一国文卷，有饭。余参加。下午因雨不得出门。与一多语及颉刚在中大教书，众微笑，一多微笑，余悚然。

25 日　星期四　雨

晨赴大学领津贴及身份证。访今甫，至"天南"饮南洋咖啡，食点心，谈极畅。访绍谷，不遇。晚应仲鲁、李德家之邀至海棠春吃饭，李夫人饮甚豪。余以能喝酒者而往往不爽快落话柄，龚自知，时以为揶揄，余当时无以应之，可见聪明不相及。客张甚俗，梅先生事后谓不喜之。

26 日　星期五　阴

雪舟　雨僧　建功

晨读吕著《文法》，迩日都无兴趣，不能续读。下午小睡，未工作。

27 日　星期六　晴　⊗

上午归来，背回一包裹，筋疲力尽。读妻来信。移床清扫住室，耗时半日。

28 日　星期日　阴晴不定

献梁　蓬子　元一　襄七　慰堂　三弟

上午做研究院入学考试之文学史试题。午睡。胃不适。晚饭后访钱、王。疲倦。看一多《国文选》目录，甚觉无复古倾向。其主张大学生诗赋等习作之必要性，却可商谈。知其甘苦，至关重要。同时文学批评需有理论作为后盾。

29 日　星期一　上午晴，午 12 时风雨

开始重读《说文》本文，准备将其作为日常工作之一项。复习日文。计划利用余之日语知识读若干日文之汉学期刊。

读吕的《中国现代语法》。在假期内必须研究一些古典著作。准备每周用两天写文章,一天备课,其余时间用来阅读。必须读一多的《楚辞注译》,相信我会从中受到很大启发。在阅读中仍感迟钝,试图提高兴趣。必须写出中文文选的一些文章与札记,要目为:

《高教月刊》一篇

《国文杂志》一篇

《文聚》一篇

《文史》一篇

《图书馆刊》一篇

《国文月刊》两篇

《学报》一篇

《诵读论》

《标点符号案》

《语文影》

《文痴隅反录》

30日 星期二 阴晴不定

如例工作。忙于缝被子,甚以为难事。读吕著《文法要略》,其中有新的分析及明显的比较,不仅是文言的文法,也是实用的文法。

7月

1日　星期三　晴
例行工作耗时太多。
读马斯伯罗（Maspero）[1]的《神话传奇》译本。马斯伯罗对中国古典著作见解敏锐，读者很多，文章不长，有见地之脚注却有约300条。其文章比我读过的其他汉学文章使我受益更大。

2日　星期四　阴　×
建功　竹　衡如　伯鹰
上午进城。下午写信数封，晚桥戏。接伯鹰信，甚有趣。慎予邀午饭。

3日　星期五　晴
推选国家教授，我选一多与了一，而了一选一多与我。莘田来访。领薪后即访襄七，遇拾遗，他很殷勤。歌川去友人家桥戏。他们知道我今日将去黄土坡。歌川确很冷淡，与拾遗成鲜明对比。午膳丰美。访雪屏、毓棠，借一些书。晚间与子卿谈，彼对战争之看法颇有道理，并讲了一些有趣的事。芝生来，子卿谈及有关中国哲

---

[1] 马斯伯罗即汉学家马伯乐。

学的若干问题,回答是:西方哲学已接触到中国哲学中之全部问题,而他们研究的若干问题,我们尚未涉及。子卿即进一步提出:与"无为而治"相应的西方哲学观点是什么?芝生不能答。

4日　星期六　阴晴不定　××

取薪金,寄家中700元,还开明500元。下午迁居。倦极。晚持被单至昆明百货行寄售。先曾到利沙,不接受。因态度、价格皆不适宜,故拒绝之。

5日　星期日　雨

上午返回,归途遇雨。风狂,提包沉重,行进非常吃力,欲憩不能。借自陈、孙之书被打湿,甚内疚。

莘田昨来访,示以黎劢西之来电,慎予已被任命为在兰州的西北联大分院副教授。将电报带回给慎予看。莘田谓慎予曾申请师范学院讲师之职,如此说来,他宁就现职。在我看来,这位青年人,既无忠诚心,又无责任感,也无生活方向。

6日　星期一　晴

久不接妻信,甚望彼病痊愈。今日做例行工作。开始读杨君之《文字学》讲稿,颇有趣。下午读了一之《语法和理论》。心绪甚劣。晚摘读特曼之《婚姻幸福的心理因素》。

7日　星期二　晴　⊗

上午冠英来访,带来叶崧耕所记我的讲课笔记。几次计划去黑龙潭均落空,我们决定同往。同行者尚有一多、骏斋。余太太已在一家小纺织厂就职,那里用女工。在余家午膳,休息后去黑龙潭。首次观赏那里的景色，着实喜爱那铺满水面的大树的绿荫。向寺庙山门攀登，看到了最好的美景。阴影朦胧，幽美如画。坐茶室内，面对高大绿树对面的清碧潭水，山雨阵阵，更添韵致。

开始读日文期刊《艺文》，并继续读杨的著作。妻仍无信。最近宅内嘈杂声太多。

8日　星期三　晴，晚雨
隐

上午例行工作。读完《艺文》中《大秦景流行中国碑》一文。下午得乔两信，谓隐病于流石，卧床10余日，不知如今是否痊愈。在此期间蒙诸友赠金，甚感。乔信写得通畅优美，甚慰。访了一夫妇，邀明日午餐。借得《文法要略》一书，继续读《现代语法》。

9日　星期四　晴，下午风雨
做少量例行工作。

莫一钧先生（54军特别党部区分部书记）中午来访。从其谈话中看，似与傅军长关系甚好，彼颇健谈，消息灵通。彼要求我在其纪念册上题字，从之。

下午访芝生未遇，从冯太太处借来若干书与杂志。访 T. S.，他已于昨日进城，其婴儿很瘦。

参加了一的晚餐会，与了一坦率地长谈，我怕自己太直率了。请王太太修补衬衣领，旋悔，不该经常麻烦她。访陈君夫妇，归来甚迟，陈告我毛先生系中央大学中文系毕业。他赠王、陈各一只鸡，并各附一文风甚好之短信。陈认为他这样做是替军队收买人心，我倒是有点相信这种看法。

10日　星期五　晴

例行工作。读《语法》，晚读完《图书集刊》。读蒙文通的《从社会制度及政治制度论周官成书年代》，蒙季甫的《商君书说民弱民篇为解说去强篇刊正记》及《明覆元本宋史全文续通鉴跋》，皆甚重要。

11日　星期六　阴晴不定

德锡

日常工作。

参加陈明仁将军晚餐会，菜肴精美并有威士忌。陈将军承认他纵情享受奢侈的生活，并谈及他与最高统帅的口角。

读《性命古训辩证》。

12日　星期日　晴

例行工作。读完《性命古训辩证》，信其主要论旨，但其中论述诸多新意见则令人怀疑。晚备饭以送别慎予。

13日　星期一　晴

上午理发。

日常工作。

做《性命古训辩证》笔记。

慎予下午进城。

读完延陵的《明清散文选》，其中我最爱以下文章：

刘基《松风阁记》

王守仁《瘗旅文》

宗臣《报刘一丈书》

归有光《寒花葬志》
侯方域《与阮光禄书》
金人瑞《西厢记评语》
王猷定《汤琵琶传》
袁枚《书鲁亮侪事》
刘大櫆《海舶三集序》
梅曾亮《徐霞阁记》
龚自珍《说居庸关》
严复译《情眢》

14日　星期二　晴，晚雨

上午做《性命古训辩证》摘记。下午进城。邀企孙在冠生园晚饭。途中遇拾遗，嘱带衣物归，虽许之，然殊不乐。F. T. 迟到，为此岱孙情绪不佳。失扇。遇暴雨，衣物尽湿。

15日　星期三　阴晴不定

志和　　中英

上午去大学，下午参加教授会，对体育进行了热烈争论。奚若与王信忠先生争论，态度颇不温和。F. T. 责备评议委员会主席不该审查评议委员杨石先先生的信誉，但主席指出他的问题没有根据，他自己对整个事情负责。杨做了温和而坚定的回答之后，F. T. 声音低下来了。整个说来，这次会议开得一团糟，甚至包括蒋校长在内。年轻人计划提出补助的问题，但已无时间讨论，莘田认为主席故意推迟选举以便阻止讨论计划，我想他是对的。

中文系学生举办欢送毕业生茶会，参加者甚少。莘田与罗膺中先生分别做了颇为诚恳的讲话，谈话的风格也有些公文化。郑临川致谢词时似歪曲了我的讲话。

16日　星期四　阴晴不定　×
任敢

上午与芝生共乘财训班汽车归，票价13元，在流石则不必如此。应芝生邀早饭，彼为对梅、郑、F. T. 表示敬意者也。归来做例行工作。摘录《性命古训辩证》。连续二夜失眠。

17日　星期五　晴，有风
克家

上午洗濯衣物，做日常工作。读完了一的《中国现代语法》手稿。因10日未得竹成都信而感到忧郁。

18日　星期六　晴
竹

上午洗衣，不料将盆掉在石上摔破，为此情绪甚不佳。如例工作。下午访了一，赠麦片。借《语法理论》三册。了一在城内。应陈邀晚饭。听查先生弹琴。

19日　星期日　晴

上午只读杨的著作数段。昨夜未能安眠。访春晗，与其夫妇共进午餐。午餐后吴与余及各夫妇桥戏，输5000分（出许多错）。乔太太给我做饼，味甚好。

读王手稿。仍为妻病焦虑。

20日　星期一　雨　××

贪吃，从来不能节食，致今日胃的情况很差，确实，我进食逾量已一周有余，故此睡眠不好。

日常工作，并读完了一的《语法理论》，但头脑很不清醒。

21日[1]　星期二　阴晴不定

昨就寝前即觉胃中过饱，扼塞不通。登榻小睡，旋瘥，胃胀不堪，辗转反侧，无措身处。因起不楼呕吐。所呕不多，而胸膈略畅。此景象乃曩所未经，戒之戒之！今日节食，胃平复如恒。但觉疲乏耳。

乔有书来，谓竹病已愈；又谓其甫自城中就医归，倦甚，不能作书，则固未复原也。

例课作竟，读《国文讲话》，甚粗疏，似无多可取处。

22日　星期三　晴　⊗

除做例行工作外，并读《国文讲话》。摘记杨著。晚饭后胃不快。

23日　星期四　晴

日常工作。拟订中文系课程表。消化仍不正常。

24日　星期五　阴晴不定

如例工作。修订课程表，开始写论文，但不多。肠胃未复常态。下午访了一，谈文法问题。

---

[1] 本日之日记为中文书写。

25日　星期六　阴晴不定　⊗
写文章。

26日　星期日　阴晴不定　××
上午写成文章。下午进城。读一多《论九歌》,真创作也。

27日　星期一　雨　×
竹　中宣部
监考。读《结婚进行曲》。晚访广田。朱维之来。

28日　星期二　阴晴不定
入学考试监考。莘田与了一对我的短文特别是课程表提了很好的意见,做了相应修改。

29日　星期三　阴晴不定　×
晶清　高教司
上午与莘田再商课程表事,得知傅懋勉被解聘。作诗贺绍谷。午后到市内向小孟问药事。应F.T.邀至徐锡良家晚饭,谈甚有趣,然颇疲倦。

30日　星期四　晴
为暑期学校演讲一次。
清常给我的课程表中有误,我必须与孙先生交换课程。
一多昨患病,写信托我向梅校长借车进城,但梅校长没有司机。今早他请雪屏向蒋校长借车,蒋以汽油不足为由加以拒绝。一多下午乘人力车归。

今天上午开联大教授会，邵是签名集团的发言人，但任与赵对他的话做了讽刺性评论，并弄得他只好默不作声；未做决议，只提出将研究费用增至100%。下午开清华教授会，选出9名评议委员：叔玉、福田、明之、培源、之恭、访熊、信忠、子卿、武之。叔玉提名选我，但在第一批我得15票，这揭示出我已失去人心。

芝生举行晚餐会。晚桥戏。

31日　星期五　晴　××

绍谷

开始阅卷。晚在冠生园待客。

8月

1日　星期六　阴晴不定
上午读报，下午洗衣。吃馅饼。晚桥戏。

2日　星期日　阴晴不定　××
应福田邀乘船游龙王庙。周邀午饭，同伴有福田、继侗、岱孙、莫氏夫妇、袁君夫妇、徐君夫妇。倦甚。

3日　星期一　阴晴不定　⊗
上午归来，为无所事事而烦恼。
一多似患昆明热。

4日　星期二　阴晴不定
竹　小孟
上午洗衣。下午如例工作。应钱邀晚饭。

5日　星期三　晴　⊗
在了一家午餐，遇沈纯先生。还了一《中国语法》手稿，并将蒋的履历还给陈。日常工作，读绍原的《中国古代旅行之研究》，但阅读进度颇慢，不能集中精力。

6日　星期四　晴　⊗

梅贻宝　贯方　茀斋[1]

上午写信。摘记《小学金石论丛》，读完《鸠摩罗什之研究》并《中国古代旅行之研究》，其中重要之观念有：婴，罔两，罔象，百物。下午陈梦家赠面包一个。

7日　星期五　雨　✕

读完杨的著作，开始写宋诗笔记，花费很多时间，像做一件从未接触过的新工作。而一些参考书留在成都，这也妨碍进度。至少需从大学图书馆借来一两本。

8日　星期六　雨　⊗

准备宋诗讲稿。征镒及重华来。征镒正以马钱子素（番木鳖碱）复元肌肉蠕动力。

9日　星期日　阴

准备做宋诗笔记，何先生回来，告以明日将要我们去阅卷，立即改变计划，写广播演讲大纲。下午进城。读董作宾的《天历发微》，从中得到许多有关历法的普通常识。读王易的《历法简史》，现多少能有些了解。

10日　星期一　阴晴不定

阅卷毕。与罗君共阅中国文学系国文试卷，并计算平均分数。傅懋勉之作文佳，而黄匡一则不佳。在莫泮芹家晚饭。桥戏。

---

[1]　沈履，字茀斋。

11 日　星期二　阴晴不定

从清华办公室得 800 元的支票,系《宋百家诗存》价款,此乃余小图书室中最好的一本。将此款寄给成都。叶溯中写信要求余写一本书供他们发表。读《台风》与《当代评论》。福田向王君抗议:应准时开出午饭。王先生恼怒,反唇相讥,福田被迫道歉。我将站在前者一方,后者确实太爱发牢骚和提建议了。

12 日　星期三　晴　⊗

竹

上午开始写《论别人》一文。下午为孙小孟至各药店询奎宁,未得。晚至电台发表广播演说《报纸与文学》,语调不自然,失败。近来甚感疲倦。自叔玉处闻陶维正事。遇绍谷。

13 日　星期四　阴　⊗

小孟

上午归来。今甫下午来访。参加钱的晚餐会。告诉一多阅卷进度,但我过于直言,杨对研究生入学考试进度的论点也是这样。杨称我为中间路线者,而闻认为我只是遵守规则的人,与杨争论数句即保持沉默。尽量保持沉默,对我来说是聪明的,特别是在这个学校里。

14 日　星期五　晴　××

上午洗衣,甚累,不消化故也。午睡较长。写宋诗讲稿。

15 日　星期六　晴　⊗

绍谷　圣陶

上午理发，买麦片，未果。继续写短文《论别人》，进展极慢。怀疑我能否写好这种意义不明的主题。

午饭后徐与何谈及伙食问题，听之亦不禁加以评论。计划下学期住在城内。

16日　星期日　晴　×

写完《论别人》。上午入浴，感冒，便秘。竹来信，谓余可让金君带电熨斗给她，为斑鬓故也。不得不进城，但颇令人生厌。读威金尼亚·沃尔夫《大众读本》中的《现代散文》及约瑟夫·康拉德《怎样写现代文学》。

17日　星期一　晴

访今甫并与之共进午餐。开始读麦克尼斯的《现代诗》，作者能设法言中问题之要害，确使我印象深刻。今甫谈及莘田时颇有保留，我们的话的确很容易被人偷听。又患感冒，在杨家饮咖啡。金听了我的广播演说，谓声音甚清晰。

18日　星期二　晴，晚骤雨　⊗

上午王招饮咖啡，神经紧张。下午卧床休息。应绍谷邀晚饭，菜不佳。晚降骤雨，归途甚困难，就寝时似有低烧。上午至黄土坡送电熨斗及衣物。得知耿君夫妇抵此。

19日　星期三　晴

起早去隔壁赶小型客车，但今天上午不开，乘马车至小坝然后步行。心境与天气一样，晴空万里。前两天我特别忧郁。读《现代诗》。

20日　星期四　阴晴不定　×

上午修改《文学与新闻》之演讲稿。到龙泉镇新华号定做鞋一双，价160元。在冠英家午饭及晚饭。狮子头平常，而油炸荤则甚好。下午打麻将。食煮桃，胃病发作。

21日　星期五　晴

竹　建功　小孟

上午洗衣，晚上缝纫。只读30页《现代诗》。阅读能力应有提高，第一步要做到每小时读15页，从明日起须遵守这一标准。

22日　星期六　阴晴不定　×

继续读《现代诗》，进度仍迟缓，为此甚不安，宜以学问家勉励自己。胃气多，须注意。

23日　星期日　晴　⊗

读完《现代诗》。下午访T. S. 并在那里晚餐。我们随意畅谈，但一位客人多少会妨碍正常的家庭生活。药锅因女仆不小心而熬干。T. S. 将学术成就分为4个等级：描述性，分析性，解释性，创造性。

24日　星期一　阴晴不定　⊗

摘录《现代诗》，全天只用了不到三分之一的时间。

25日　星期二　晴，晚上雨　⊗

记《现代诗》笔记，已摘记完该书半本。参加了一的晚餐会，客人有钱夫妇与我，菜甚美，还有烤鸭。

26日　星期三　晴　⊗ ×
莘斋
仍摘记该书。受范宁之托向莘斋投书借医药津贴。

27日　星期四　阴晴不定
昨晚甚冷，就寝前胃已不适，呕吐，胃痉挛。下午摘记完《现代诗》。准备关于朗诵的文章的大纲。读傅懋勋文《中国商籁诗[1]之起源》，殊未能令人信服。

28日　星期五　晴
上午与一多谈中国诗和散文的发展，一多据江清意见谓现在必须注意阐明我国伟大的思想均表现于散文这一观点。访莘田及游泽丞，并在此午餐。开始写《论朗诵》一文。

29日　星期六　晴
继续写《论朗诵》，下午头痛。访梦家，陈太太始终在厨房里。吃面包、黄油。

访莘田与读《释鳏》，甚有趣。昨日闻太太问一多：余任教授是否已10年以上？她想不到回答竟是肯定的。由此可了解闻家对我有什么印象！我将振作起来！

30日　星期日　晴
写成《论朗诵》一文。给圣陶写信。开始写《论自己》一文。一多与善周讨论《鞍之战》一文。晚饭甚佳。王瑶来。

---

[1]"商籁诗"即十四行诗，其英文是 sonnet，音译为"商籁"。

31日　星期一　晴　⊗

圣陶

整个上午洗濯。继续写短文《论自己》，进度很慢。

9月

1日　星期二　晴

郭君邀午餐。文章写成。

2日　星期三　晴　×

上午10时，襄七约午膳，需急往，今日乃拾遗寿辰，虽赶路紧张，犹念金氏兄弟好意。拾遗曾访玉龙堆两次，遇朱小姐，似是恭甫朋友，她很灵巧。襄七告我恺撒（Caesar）昨早已去加尔各答（Calcutta）。遇耿太太与龙荪[1]。床单已售出。买一双拖鞋。

晚访莘田，他认为了一工作不是很严谨的。

3日　星期四　晴　×

杨家麟

上午取月薪及信，到开明。下午归来，遇雨。

4日　星期五　晴，晚阴

明扬　采芷　西陆　莘田　晶清　竹　孝铣　亦逸　祖缃

去村头取鞋，未果。业主经常无信誉之概念。誊清《论自己》一文。开始准备写文与备应用文课。中午长睡仍感倦甚。

---

[1] 金岳霖，字龙荪。

5日　星期六　晴　⊗

毓棠

上午读《说文》。下午读布鲁姆菲尔德（Bloomfield）的《语言学》，计40页。

6日　星期日　晴，下午阴　×

准备讲课笔记。下午访钱，王与秦、钱谈及胡适博士辞职，并对魏道明表示厌恶。正义得不到伸张。在钱家晚膳，家常面，不好。

7日　星期一　上午晴，下午阴

了一邀晚饭。写成《应用文体制》之讲稿。读莘田自传之一章。与了一饮茶，致不成眠。与了一夫妇谈对此处的不满。

8日　星期二　阴晴不定　⊗

整日只读50页布鲁姆菲尔德的书，太慢。

午饭时说话过多且坚持己见，想必已激恼一多。应尽可能保持沉默。

9日　星期三　晴

读罗雨亭《中国文学批评史》第一册。与郭著相比，新材料多，亦有新意见，然觉较粗略浮浅。而评论者却有"本书取材宏博，议论有独到处"等语。午睡较长，见《民国日报》有今日4时余将做演讲之报道，但我却未见通知书。我的信意思是明确的，且经杨君看过，信中明明让他们复信到玉龙堆。此事必定给听众以坏印象，为此甚为不快。

10日　星期四　晴

家麟　雨僧　颉刚

读布鲁姆菲尔德的书90页。对午餐与晚餐之馅饼感到满意。一多痛骂刘叔雅先生，口气傲慢。刘是自作自受，尽管闻的责骂对于一个同事来说太过分了。他还说他不愿再为他人服务，意思是在暗讥我的妥协脾气。

仍为昨日演讲缺席而烦恼，最近讲课总搞不好，令我恼怒。

11日　星期五　晴　×

上午复习昨日所读布鲁姆菲尔德之《语言学》，仅接读50页。词法以外各章引外国语例证颇多，故甚难读。下午，因急饮热蜜水，致胃痛发作，为此甚失望。圣陶来信，两年来在余心绪不佳时多予安慰，对此深为感谢。

12日　星期六　晴　⊗

许雇一洗衣妇，并让她也洗我的床单，因此洗衣妇将在此用餐，为大家洗衣。但洗衣妇说不愿在此用餐，而宁有15元收入。叫洗衣妇来的女仆对此惊讶。因为雇她的是许，许说今天她为他洗衣，女仆很失望，因此冷言冷语。洗衣的事已使我颇烦躁，而住室内整天嘈杂不已，怎能安静地读书？今天只读60页。对芝麻酱面条满意。

13日　星期日　晴

读布鲁姆菲尔德《语言学》70页。下午访钱、陈，并应王太太邀晚饭。

14日　星期一　阴晴不定

读布鲁姆菲尔德《语言学》数页。上午去市场购鸡蛋与糖，取回定做的鞋，适足。

参加芝生晚餐会，有素蛇，味美。海威斯先生亦在邀。

15日　星期二　晴

昨晚失眠，苦不堪言，疑饮茶故也。至今日神经尚紧张。上午制卷烟，洗衣服。午小睡（近来午间皆未长睡）。晚饭食饺子20枚，食至7枚时即感胃不适。访游君，借《文体辑要》讲稿。读《语言学》45页。

16日　星期三　晴

杨家麟君、李念清（春华）君上午来访。杨谓他让省训团致函给我，由郑毅生转交。据说，昨日莘田与毅生去华山小学，见余不在甚讶，他们以为日期是我自己定的。一定是以前的信使他们误解，这是个典型的文牍主义。杨要我重新定下讲课日期，我便定在下星期三。杨要求我为财训班讲课与向《中央周报》投稿，这是个有才干的家伙，虽然多少有些官僚气息。

读《语言学》40多页。

17日　星期四　阴　⊗

昨晚降大雨。上午读完《语言学》，并做摘记。

18日　星期五　晴　⊗

莘田　竹　二弟

读莘田的《中国语音学史》，写得很好，简明清晰。

19日　星期六　晴

奚永修　溯中　商务

上午今甫来借书。彼对欧战形势有明确分析，并认为美国在南太平洋之攻势十分重要。又谓苏武所作诗第四首中"秋兰"与"十二月"相冲突，今甫疑作者所用为太初历以前之历法。又谓此诗成于两汉之间。一多亦主此说。近来在方法论上，仅据孤证，得出之结论多不可信。例如虞姬之歌，真伪尚难决定。此歌盖源于陆贾《新语》之片断，可能系假托者。《韩诗外传》佚文有"胡马依北风，越鸟巢南枝"之句，为现存最早之五言诗。余不信此说，然于情感上又不能否认。再读莘田《声韵演变》。开始读李玄伯《中国古代社会新研》。一多谓陈君对《尚书孔传》之作者问题有新发现，陈以为乃晋代孔安国所作，其证据为《孔丛子》里有孔任写的书信（其第四有孔安国诗）。一多且发现新的伏羲神话。

20日　星期日　晴

读完李的书，其中有不少好的观点，后一部分颇有发挥。

赠糕点给校皮营的三家。

21日　星期一　阴　⊗

摘记《中国古代社会新研》，并读达元《法国文学史》稿。疲倦。

22日　星期二　阴

上午访刘锡诚（金奎）、杨家麟与芝生。下午进城，与陈、李、陈、金共宿一大宿舍。

23日　星期三　阴

竹　采芷　三弟　长之　俊升　雨亭

上午写信。下午开始讲《文辞研究》,仅到一名学生,即王瑶。晚到拍卖行寄售淋浴器具。买月饼。

24日　星期四　阴晴不定

演讲《中国文学评论》两小时,不满意于第二个小时的演讲。开始怀疑自己。与梅、陈、李君去周家(看望张慰慈君,彼从福建归来)。梅先生驾车,带我们去中央××病防治所看唐医生,客厅陈设华美。

今晚昏昏欲睡。

25日　星期五　阴

上午写诗4首。下午与梅、李同至倒石头散步。

26日　星期六　晴

上午访叔玉,乘公共汽车进城,换乘马车去白龙潭,然后步行归。

参加黄维将军晚餐会。我站起来舀汤时仪态不佳。

妻来信谓乔患痢疾,要我寄2000元看医生与买药。这一消息使我忧虑不已。

27日　星期日　晴

上午访了一、端升,应了一邀午饭。下午读《瓮牖问墨》。访梦家。到了一家晚饭,食过多。晚读《法国文学史》。

28日　星期一　晴　⊗

上午洗衣,中午长睡。胃不适,近来确实进食逾量。读吴的手稿数页。

29日　星期二　阴

读完吴著《法国文学史》一册。下午乘财训班汽车进城。明之来打桥牌。晚饭后访司徒铭谈祖国杂志社问题,表示愿投稿。访梅校长,谈集体宿舍问题。

30日　星期三　晴

在春晗家早餐,他与其妻给我包饺子,味美,但油水不足。

上午将薪金与补助款兑成现钱。下午3时讲课,踽踽独往教室,但唯一的学生王瑶未来。这门课的情况使我很失望,开始怀疑自己的讲课能力。回宿舍休息几分钟,然后开始去华山小学做约定而延期的演讲。但未去华山小学而误至玉华中学,很心烦,急乘人力车赶赴武成路社会处,学生们正好去参加人口调查工作3天,听众不很多。部分听众来自地方政府不同的机构,这些人是被迫参加的。见一多须老人坐在前排。听众能听懂我的讲课,连我开的玩笑亦能会意,但彼等表情不多。演讲后有茶点招待,食糕饼3枚,要了5片夹肉面包与5个月饼,不错。

准备明天上午的课。

10 月

1 日　星期四　晴

今甫

为换教室，遇麻烦事甚多。遇开明范洗人，商谈版税问题。然后到清华办事处取《中华大字典》。下午到工学院找李筱韩修钥匙。晚饭后到拍卖行寄售桌灯。今日上午，今甫拟将《世界学生》之文艺编辑交余负责，熟思后表示谢绝。成诗4首赠今甫。

2 日　星期五　晴

竹

广田来访，与之同访冯君培。从广田处借得冯之十四行诗集，上午读毕，有些诗很美，这本小书充满一种沉思的情调。归来。王维诚先生晚饭后来，谓彼找到王弼的《老子略例》，以及他已失落的《老子在道藏》的注3000多字。他谈及"体"与"用"的观念，这是中国历史上的典型概念，而这种概念则起源于王弼。

乔病愈。

3 日　星期六　晴　×

上午读《说文》。海威斯来谈下礼拜二的演讲问题，题目预定为《先秦时代论理之发达程序》，共分三个部分，即：故与即；

如、若、犹；抽象的思想。研究新观念甚不容易。下午读日文，并开始读钱穆的《国史大纲》。食月饼，致胃病发作。

4日　星期日　晴　⊗

上午日常工作。莫一钧来访。读《国史大纲》。近来极累。

5日　星期一　晴

乔　俞　了一

例行工作。读《国史大纲》140页。下午访端升，在其家晚饭。沉默实属必要。

6日　星期二　晴　××

上午写一张字给莫君，并缝纫。下午进城。胃痉挛二次，第二次痉挛在食一红果后不久。

7日　星期三　晴　×××

上午洗衣物甚多。晚饭后到拍卖行，途中先感疲倦，继之呕吐。早眠。

8日　星期四　晴

上午访广田，借得二书，其一系《十年诗草》。下午访伯伦。今甫与陈君星期四举办晚餐会，后者送一请柬给金君与余，日期定为今日。如今天饶君不通知余，金先生与余肯定今晚会去参加，但我已另有一晚餐会，系范洗人与卢芷芬两先生所邀。他们在曲园定菜，甚精美。我们饮真正的葡萄酒。芝生就版税支付提出建议，主意很好。雨伞丢失。

9日　星期五　晴

仅读完《十年诗草》并摘记。

10日　星期六　晴

访达元，引起很大忙乱。吃薄粞并在彼处午膳。步行至里临铺，乘汽车至杨家村。

访叔玉并去培源家，晚餐简单而精美。岱孙做饭时我帮不上忙，略感不安。

11日　星期日　晴

来客20余人，F．T．及岱孙做主人。尝锄烧，"友联西饼"甚美。乘舟归来。

12日　星期一　晴

上午在系办公室与图书馆。中午长睡。晚饭后去拍卖行，去裕大兑取445元。

13日　星期二　晴　×

上午在办公室及图书馆，下午读沃尔夫之《大众读本》。晚打桥牌。心绪不佳。因食柿子，致胃病发作。

14日　星期三　晴

钧石　文藻

上午在图书馆，近三天来，查了中国古代诉讼案件的有关资料。文藻写信来，谓闰和逊的医药费共1700元。为之忧虑而又无能为力。

晚读《泰晤士报》(Times)。

15 日　星期四　晴　×

下午读《泰晤士报》。晚听徐旭生做《帝俊的故事》的演讲，甚有趣。读王佐良《中国文学之趋势》一文，觉有条理但无创见。

16 日　星期五　阴晴不定　⊗

罗科长

今晨受到邮局职员讥讽。下乡途中遇雨淋湿。途中吃一月饼，致呕水。

在财政训练所做有关一些诗的演讲，成功。

一多邀我午餐，使我非常快慰。

17 日　星期六　阴晴不定

如例工作。读《国史大纲》124 页。5 日未来大便。

18 日　星期日　阴晴不定　×

日常工作。今天是重九节，入市购糕点，但食后胃即痉挛，呕水。3 日来昏昏欲睡。读《国史大纲》90 页。

19 日　星期一　阴晴不定

如例工作。读《国史大纲》150 页，全书读完。肠胃不消化。李荣为逃避兵役而缺勤，女佣又闹别扭，为此甚感不快。

20 日　星期二　晴

有预备警报。上午校阅讲课提纲，看《国史大纲》。马学良来,彼赠一多一俅俅琴与汉文的俅俅情歌。参加莘田、锡余、心恒与柳贻征晚餐会。安排十四讲,内容为中国历代诗与文学作品。我讲宋诗之思想。晚饭膳食甚好。餐后我们谈及中国书信的敬语,一多一概称之为"虚伪"。如往常一样,我受不了他的一概抹杀,用很谦虚的语调与之争论,谓此种"虚伪"或有必要。他立即带着傲慢的微笑回答说,他并没有说绝对无此必要。对其极端的说法保持沉默,但认为那不正确。

21日 星期三 雨

上午取奖助金800元,还欠二弟的债,为给扬州月给费,致彼发怒。晚打桥牌。访李广田、卞之琳,谈甚有趣。

22日 星期四 雨 ⊗

隐 圣 春帆 三弟 文藻转闻

下午桥戏。晚上去拍卖行,只得45元,买一雨伞。

23日 星期五 阴,大风

上午读《大众读本》20余页。下午归来。晚摘记《大众读本》及《十年诗草》。

24日 星期六 晴

有预备警报。上午日常工作。参加54军晚餐会,向芝生等建议,我们可写一纪念条幅赠彼军长与参谋长。彼等接受余之建议。晚餐后看京剧,共4出戏:《鸿鸾禧》《捉放曹》《骂殿》与《群英会》。演金玉奴、曹操、陈宫、鲁肃者系第一流演员;扮周瑜、蒋干与诸葛亮者演得有些过火。整个说来,演出使我与其他观众们都感到满意。

25日　星期日　晴

上午如例工作。午睡后心绪不佳,故未能写出文章。芝生与海威斯访一多。为李宇奁写挽妻诗《无双吟》两首。

26日　星期一　晴　⊗

公权　逖生(明日发)
以一整日写诗描述陨石与化石。

27日　星期二　晴

陈请午饭。下午进城。今日有预备警报。晚桥戏。食点心。得知张荫麟去世,甚可惜。

28日　星期三　晴

宝麟　魏荒弩　俊升　竹　梅先生　公权
有预备警报。上午在图书馆。
参加我系讨论会,赵先生做有关已故王国维的文学评论报告,他分析"境界"的概念,并追溯其文学观点之起源。王从西方哲学中逐渐得到一些观念,并从《艺概》形成其对中国文学史的概念,在《人间词话》里,他引用许多批评者的看法而持有异议,他同意的只有刘熙载一人。这是个很大的发现。报告后进行了热烈讨论。我对此会满意。

29日　星期四　晴　⊗

上午读倪青原文章《意义之研究》。下午打桥牌。魏泽馨、陶重华、彭声宏来。晚访拍卖行。食点心。

30日　星期五　晴

洗衣与擦拭窗子。上午王信忠来访。梅归来。今晚一多情绪很好，他在室中与许、何高谈阔论。

读弗吉尼亚（Virginia）的《论未知的希腊》。

31日　星期六　晴

上午例行工作。下午开始写《论做作》一文。参加钱太太晚餐会，菜佳。莘田说服余讲授刘的《慈恩传》，并转达陈寅恪之叮嘱。

11月

1日 星期日 阴 ×

郭君邀一多、骏斋与我野餐。我们去黑龙潭,并在李君院内野餐。食品很好。访俞太太,赠她10枚鸡蛋。5时归来。继续昨天开始之短文《论做作》。

2日 星期一 阴雨

上午写成文章,连抄写共达3小时之久。晚写信给圣陶及佛西,《伦敦杂记》亦寄圣陶。

3日 星期二 阴

上午备课,下午进城,晚上写信。

4日 星期三 阴 ×

佛西 圣陶 竹 公权 三弟

取月薪。给李半月之饭费,此经多次考虑之结果也。下午读吴著《法国文学史》。晚自"普利"取回橡皮淋浴器,改送"普济"寄售。读萧译《唾余集》。上午修改《论做作》一文。

5日　星期四　雨　⊗

上午读吴的手稿《法国文学史》。正之来访，谈及我们政治生活的趋势，他认为根本没有绝对的标准。我们的标准只不过是民主教育的结果而已。晚桥戏。

6日　星期五　雨

上午读完吴的著作，下午交开明500元。吃饺子，闲聊。晚间听一多演讲，妙极。非常羡慕他，听众冒雨而来，挤满教室。

7日　星期六　阴

上午归来。下午读《中央周刊》及《黄山谷集》。

8日　星期日　晴　⊗

浏览《黄山谷集》与宋代的诗论集，感到答应讲宋诗评论太鲁莽了。

9日　星期一　阴

准备讲稿。

10日　星期二　雨

访芝生，读其短文《禅宗》。下午进城。参加汤教授关于《隋唐佛教之特色》的演讲会，座无虚席。汤教授列举4点：联合性；国际性；自我控制或独立性；系统性。其重点在于南方与北方之不同。演讲清晰，声调平稳，令人赞佩。

11日　星期三　阴

竹　三弟

检讨宋诗讲稿参考资料。下午自地坛借书。晚听赵仲邑讲《黄山谷之五言诗句法》，其句法分析部分至为重要。从此使我对句法开始有所了解，为此而高兴。

12日　星期四　阴

上午读《唐宋名家词选》。从《海绡说词》可以了解吴文英的词。访卞之琳并借来他所译的《维多利亚女王传》手稿。访秉璧、莘田与了一，在了一家晚餐，他要求我为其学生讲课，约定在26日。

13日　星期五　晴　⊗

检讨诗教参考资料。下午桥戏。参加赵访熊夫妇盛大晚宴，菜甚好。写信致聚仁。

14日　星期六　晴

访今甫不遇，将《诗选小传》留彼处。上午归来，得妻信，谓每月最低生活费需2200元，为此我很不安，无法维持家用，真不知该怎么办，天哪！

15日　星期日　晴

准备《宋诗里的思想》讲稿。

16日　星期一　晴

秉新　迈先　聚仁

准备宋诗讲稿，读一些参考材料，涉及颂歌文化。

17日　星期二

上午准备诗教讲稿，下午进城。善周提议食面。晚做《宋诗尚理》讲演，结果不甚理想。

18日　星期三　晴　⊗

竹

准备《关于诗的文化》讲课提纲。晚上开系务会，罗膺中先生要我去中法大学演讲。答应尽快告彼余之演讲题目。迟睡。

19日　星期四　晴

上午因王瑶上课缺席而洗衣服。归还特尔曼之著作及游君广播讲稿。下午桥戏。食蚕豆。晚金、陈邀食点心。芷芬携圣陶信来访，谈孙、吴之中国文学史计划。读雨僧及寅恪诗。季镇淮借走文章。

20日　星期五　晴　×

记新诗札记。张君下午来访。

21日　星期六　晴　×

下午陶来谈"通俗古典"编辑计划，一多意见颇不实际，然余亦未表反对，仅谓非所专长。读《西塞罗文录》。晚进城。读邓恭三《周谷城〈中国通史〉之批判》。

22日　星期日　晴

御风　伏园

与了一同去中法大学，做《怎样学习国文》之演讲，讲得颇松散。

参加襄七之生日宴会，对那里的客人不感兴趣，饮酒甚多。参加莫克晚餐会，访江清，他昨夜抵此。由于酒醉与消化不良而情绪不佳。

上午任毅来访，商定下星期三聚会。

23日　星期一　晴

与江清同归，途中彼谈此行之经历。午睡颇长。早眠。

24日　星期二　晴

准备明日讲课提纲，下午进城，晚上读期刊。

25日　星期三　晴

上午到图书馆找参考书。晚绍谷邀至南屏晚饭。绍谷谓可借洋2000元，辞谢之，甚可感也。

26日　星期四　晴　⊗

竹

下午开教授会，未参加，去粤秀中学讲《如何学习中文》，成功。在了一家晚餐。

27日　星期五　晴　××

文通

访潘大逵不遇。洗衣。下午归来，甚倦，胃病发作。

28日　星期六　晴　⊗

刘瑞芳

访端升，并在彼处午膳。中午长睡。开始读《中国通史选读》。晚饭后忙于做纸烟。

29日　星期日　晴　⊗

文通

上午寄谢文通790元。访芝生商谈训练班教席事。借十五元。今日一多生日，食炸酱面，不甚佳，然酒与菜颇好。读完《中国通史》第一册，又读张政烺《六书古义》。

30日　星期一　晴

游君来访，我们谈及云南学生训练班教学过程。开始写短文《诗教》。

12月

1日　星期二　晴　⊗

继续写文章,下午进城,晚上读《正气日报》。

2日　星期三　晴　⊗

上午取薪给,寄成都1300元。准备讲稿。晚到开明,取500元,又与卢谈圣陶中午寄达开明信事。见刊物《民言》。到拍卖行,徒然一行。称得116磅。

3日　星期四　晴　⊗

下午桥戏片刻。听一多演讲《神话与诗》。他将诗与先民、儿童及狂人相比,其副题是"从诗的生物功能看诗"。他认为想象来自魔法。《古诗十九首》感情高尚,而仕子仍以神话对待生活,并对之感到满意。江清在演讲后向一多指出,在神话时期有诗,荷马便是明显的例子。

F.T.与秦邀我们去吃元宵,我们遇到赵先生,他坚持做东,但F.T.不肯,他以不客气的口气拒绝。

4日　星期五　晴

上午开始读《近代文学批评》。下午参加张荫麟追悼会,十分严肃。晚旁观打桥牌。

5日　星期六　清晨落雨，全天阴

中午归来，有几起客人。4时开始工作，读鲁德维格·琉威松（Ludwig Lewisohn）的《近世文学批评》中译本，已读150页。

6日　星期日　晴　×

读完《近世文学批评》，并摘记要点。晚餐时对用人发火，致胃病发作，事后细思甚无必要。昨日一多为北大研究所未借到书而与罗争吵。学生以为是骂他们而发怒，为此冯特地向学生做了说明。晚给公权写信。

7日　星期一　雨　×

起床甚迟。开始写短文《诗教》，颇伤脑筋。访陈太太，取一本《汉书》归，她约江清下星期一晚餐。晚间饮咖啡，胃中不适，一如昨晚饮茶后。许与我邀江清晚间便饭。

8日　星期二　阴　×

上午继续写《诗教》一文。午睡后进城。晚食芝麻饼，致引发胃病。

9日　星期三　阴雨　×

很冷。上午读报与写信，午餐后听钱说话而未午睡。晚桥戏至12时。吃肉末与一个猪油饼，胃大受刺激。

10日　星期四　早雪，阴

竹　采

上午读《明诗纪事》。寒冷，不能自持，只好烤火，未做事。

11日　星期五　上午阴，下午晴　×

早晨很冷，3时醒来不能再入睡。勉力出席8时的课，回到宿舍时像个软体动物。

读钱基博的《明代文学》。午睡后额外食月饼一块，致胃不适，当心！是收敛的时候了，你独居此处，病倒了无人照料，下决心使自己强健以等待胜利。

12日　星期六　晴

上午如例工作。先后访冠英、梦家及芝生。读《中国通史选读》第二册40页。晚甚疲倦，胃气多。

13日　星期日　晴　⊗

日常工作。洗衣。读《中国通史选读》100页。

14日　星期一　晴

读《诗书古训》。

15日　星期二　晴

找出几件东西去卖，我竟无力步行，只能乘公共汽车进城。晚上找了几家拍卖行，将带去的东西全部寄卖。

16日　星期三　晴　×

竹　采

上午洗衣，倦甚。下午开始写短文《新中国在望中》。

17日　星期四　晴

又感冒，且很疲倦。读《正气日报》。完成短文并寄出。

18日　星期五　晴

因金等邀星期六晚餐，故留城内。下午桥戏。晚开始写《钟明文集》序。经余推荐，了一的著作《中国语法通论》已提交学术审议会。

19日　星期六　晴　×

上午完成刘的著作前言。刘的著作与前言送交其兄。读蒋廷黻的《中国近代史》，主题是现代化的，是部清新聪敏之作。

参加陈等的鸡尾酒会，品尝梅校长之好酒，未能安眠。

20日　星期日　晴

上午归来。如例工作。读陈槃之《公矢鱼于棠说》，并开始读《通史选读》第三册。疲倦。

21日　星期一　晴　×

上午读《中国通史选读》，下午读《诗书古训》。参加陈君夫妇晚餐会，餐后长谈，一多谓他劝游集中精力著作较写诗为好。感到胃很不好。

22日　星期二　晴
上午读《诗书古训》。下午到冈头村访今甫不遇。晚到拍卖行。

23日　星期三　晴　×
找参考材料并访莘田，为江清星期五午餐会做了预约。在海棠春参加省训团之晚餐会，菜肴不好。收到两份稿费。

24日　星期四　晴
竹　文藻　父　志和
下午打桥牌。参加徐锡良晚餐会，继侗开子卿的玩笑，子卿当真了。饮酒。

25日　星期五　晴　××
早餐食用甚多，在南方饭店参加江清之午餐会。食欲很坏，开始进餐即感到胃痉挛。乘公共汽车归，立即就寝，未吃晚饭。
警报。

26日　星期六　晴
旭光　圣陶
上午访端升、梦家并理发。下午读杂志。晚甚感疲倦，只读《中国通史选读》少许。有警报。

27日　星期日　晴
上午日常工作，读完《中国通史选读》第三册，读董庶的《吴歌西曲考》6章。

28日　星期一　晴　⊗

上午再看董氏文章，觉立论甚精密。下午继续写《论诗教》一文。晚读一多《诗经通义》稿。

29日　星期二　晴

写文章数行，下午进城，晚上去拍卖行。

30日　星期三　晴

竹　采

上午读董庶《相和乐考》一文。下午参加董生论文考试，彼之态度不甚和平。参加预备班教务会议，会上讲话过多。参加缪云台的晚餐会。到开明取 500 元。疲倦。

31日　星期四　晴　×

三节课后洗衣。午餐后同秦乘公共汽车去西山。首先访问叔玉，赠他两袋松子糖。住在 P. Y. 周家，遇张钰哲先生。倦甚。

1943年

朱自清日记·下（1942—1946）

1月

1日　星期五　晴

读诺拉·瓦鲁之《到星球上去》和贝尔之《数学家》。经常休息。

2日　星期六　晴　×

早晨散步至倒石头。阅读。

3日　星期日　晴　×××

上午访达元,并共进午餐。访正之。胃病发作,晚未进食。

4日　星期一　晴

读一些杂志。

5日　星期二　晴　⊗

读《台风》。晚到拍卖行。因被阻于门外,在王面前失态。

6日　星期三　晴　⊗

《国文》杂志社　竹　耿钰

上午读《台风》。

7日　星期四　阴

清晨很冷。接傅孟真先生信，称赞我论《事与义》，这真使我高兴并使我有信心做研究工作。

出门未带讲课笔记，不得不中途折回去取。7时20分到学校，范与季遇到我，谓学生们已走掉，对此情况很不愉快，但无可奈何。

读完《台风》。

游先生与赵西陆先生下午来访。从《台风》译本做摘记。晚桥戏。向清华借1500元，寄潘永年。

8日　星期五　晴　⊗

上午参加预备班开学典礼，以教授代表身份演说。午餐食甚多。下午继续读《到星球上去》，觉甚有趣。晚参加金的演讲会，讲题《小说与哲学》，其结论希望建立一种既"说不得"是艺术，又"说不得"是哲学的小说理论。甚感疲倦。

9日　星期六　晴　⊗

孟真　潘永年　三弟

上午归来，读《说文》。

10日　星期日　晴

上午读日文，《猎鹰》一文甚难读。下午至晚读《中国通史选读》140页。晚刮风，寒冷。

11日　星期一　阴

今天很冷。上午读《中国通史选读》，写《诗教》数行。晚餐后为准备明日之早餐而伤脑筋。

12日　星期二　晴
孟真
早食"成佛日"之腊八粥，甚佳。继续写文章。进城，忘记带笔记本。读《失乐园》之一节。

13日　星期三　晴
赶回拿讲课笔记，幸而能赶上车，在11时前赶上预备课。读《失乐园》译本。

14日　星期四　晴　⊗
访卢芷芬。参加闻家驷的晚餐会，菜甚好。

15日　星期五　晴
竹
在大一国文课上发脾气，在预备课试行练习的方法，成功。参加新诗形式讨论会。李广田与邢庆兰做他们研究新诗之报告，甚好。后者提出许多重要观点，卞、冯与闻君提出他们的意见，闻认为中国的诗词格律对于我们是损失，而非一般人理所当然地认为的那样有益。他引用施子余统计资料的数字说明盛唐时期旧风格的诗数量超过现代的，以此证明他的假设，因为盛唐时期的诗被认为是唐朝4个时期中最好的。我认为此结论草率。李之主要观点似认为我们必须有格式，一首诗只要一种形式。他强调句子长短要一律。邢提出意义随时间而变化，要完全发掘作家在写作旧文学作品时的意义是很困难的，甚至是不可能的。他还分析了汉文诗的韵律,然而他的重点是放在重读与非重读音节上的。时间太短,不能让更多的人发表意见。天黑而冷,晚饭已备,菜甚平平。

16日　星期六　晴　×

上午归来。倦甚。做例行工作后就寝。

17日　星期日　晴,上午落雨数次

读日文与《中国通史选读》。晚上招待客人,菜甚好,玩4圈麻将。由于消化不良,近怠甚。

18日　星期一　晴

胃痛至今约7日,究系何时开始已不记得。不快及痛感不可告语。上午读《中国通史选读》,继续写《诗教》一文。

19日　星期二　晴　×

上午计划广播演讲,浦示余傅懋勉信,傅严厉抨击浦对傅文之批评,而浦系应冠英之请而评判傅文。浦将其印象写信告诉冠英,冠英让赵西陆将此信转交傅,第一条意见则已涂去。第一条意见谓该文无新意。傅将信纸映日而阅,乃获悉。他的信确实等于侮辱了浦,但浦对此不很在意。一多阅此信后颇激动。其时,冠英来告知此事始末。浦持其文与信向莘田诉苦,而冠英尽力劝浦收回此信,但冠英到达龙头村稍晚,信已到浦手中。一多倾向于责备傅。但何自告奋勇要先去与彼交谈,若傅后悔,则一多将让他向浦道歉;如何失败就不必麻烦一多去教训这个顽固的学生。何说赵西陆曾表示看不起我。余乃我系第二名被年轻助教轻视之教授。余安静地听渠讲述,立即想到何自身对余亦如此看。余早就感到此点。

收到杨遇夫先生信,下午进城,收读九子、采芷信,采芷说黄季陆将任他们的新校长。

20日　星期三　晴

准备广播稿,尚未完成,参加雷伯伦的晚餐会,因等待主客,故进食甚晚,食毕距广播开始仅有10分钟,不得不乘人力车前去。广播后,觉写出的那部分稿尚自然。

21日　星期四　晴　×

读雨僧论《红楼梦》文章与孙先生之《中国古代经济学》连载。去拍卖行。访耿君夫妇,谈及秦等之事。

22日　星期五　晴

隐　采芷　寅恪

上午将冯至之文稿及《大众读本》交李。下午因写信过晚致未归。访莘田。晚读孙的文章。

23日　星期六　上午雨下午晴

上午归来,仅做一些日常工作。然后我们招待多德斯(Dodds)教授,晚餐精美。饭后进行有趣的讨论,钱提出一问题:希腊是否有零这个概念。多德斯似在逻辑问题上说不清楚。钱认为前置词"太初有道"与希腊语中包含"Logos"的句子有同样意义,都具有尊严之意,而英译文为"开始,世界很光明"。但多德斯指出,"世界"这个词在他们心中引起的感情反应比我们想象的要重。然而，"Logos"既有"思想"又有"世界"的含义，即比英语"World"一词含义丰富。钱与冯告多德斯：中文之"道"恰有此二义。钱还提及《雷雨》，认为此剧与中国社会格格不入，《雷雨》之主题来自希腊悲剧，但写作失败。他不理解为什么与希腊生活一致的东西竟不适合于我们。我们讨论哲学与语言之间的关系，钱不同意语言与哲学同源。

24 日　星期日　晴

读一多《庄子校释》。下午与一多、江清至金殿观茶花，茶花甚美。读金殿之碑文，得知金殿之历史。

25 日　星期一　晴　⊗

参加游的午餐会，读完冯的《新原道》手稿并做札记。

26 日　星期二　晴

上午读陶重华之《论读曲》，文中"别散曲"之内容为四类——游赏、怀古、隐逸、爱情，剧曲则盛行神仙、爱情、科场三类，社会剧则甚少，而清代如蒋士铨等试认真做剧曲，反见其拙。摘记《庄子校释》。读杨遇夫《古文字学讲义》并摘记。下午进城。忙于改正学生作文。

27 日　星期三　晴

竹　蓬子　老舍

上午修改学生作文，下午参加清华教授会，梅校长报告他们如何募集贷款 150 万元，而政府并不准备保证支付庚子赔款，他认为这一点不会影响清华大学的未来，但我们有些人在这一点上有不同看法。我们向同事开放住宅以欢迎多德斯教授。

28日　星期四　晴

上午准备国文讲稿。下午参加多德斯教授之欢迎会，彼做《英德之大学教育》之演讲，其要点为：

一、德国之大学统制政策非自希特勒始，盖此乃该国一贯之大学政策之一端也。

二、德国之自由化之大学由19世纪末开始崩溃，其原因有五：烦琐的分工；无中心之哲学；经济发达之结果，与其说是对各种人才进行职业之分配，毋宁说是把不适用的青年输送给大学；通货膨胀时代，知识阶级的损失较重；众多之知识阶级成为马克思主义之阶级斗争理论之信徒。

三、结论有二：今后必须注意知识阶级与政治之关系；注意职业之分配确属必要。——多德斯反对过分专业化，并怀疑学分制。

据张学钺谈，星期二多德斯对学生之演讲要旨如下：

一、英国之教育具有平等化之倾向。

二、提出三点疑问：演讲制是否必要；如今之研究工作是否纯正；古典与宗教崩溃之后，将何以取代之。

29日　星期五　雨

支取薪金与补助费并寄竹一月生活费，向岱孙借500元给开明，读广田之《沉思的诗》，极佳。

30日　星期六　阴晴不定　⊗

竹

上午读广田《新诗之艺术》附论《十年诗草》，不可谓文学批评，然确有好意见。在韵律方面，彼论及节数、行数、顿数、韵句等，以每行五顿之限制为不适当。并论阴韵及内韵。于摹声字及比喻亦有详细分析。

31日　星期日　阴晴不定

与继侗、岱孙归来，他们走得很快，我大出其汗。参加端升晚餐会，菜好。我仪态欠佳，要留心于此！

听关于战争的英语讨论3小时有余。在彼处晚餐，秦、周、钱与我谈及青年。我有意识地抑制自己不去过分批评与攻击他们，免得我可怜的学识使自己显得可笑。分发礼品。

数日前，与王显群讨论冯对威尼斯学派的评论。他认为前者与后者有根本分歧，后者的哲学是理性主义与现实主义的，而前者是经验主义与游牧主义的。

2月

1日　星期一　阴晴不定

访汤，说明未能参加星期六晚餐会之原因。读《不再畏惧》（诗集），不能集中注意力。

2日　星期二　晴

终日读《不再畏惧》，读毕。它平易而鼓舞人，虽然语气是忧郁的。

3日　星期三　晴

上午读江清之《花蕊夫人宫词考证》，精密且有趣。下午至晚翻译英国诗二首。

4日　星期四　晴　⊗

讨论我与浦、闻、钱等合译的一首诗之意义，他们都给我很好的解释。从未想到我理解英文诗的能力如此可怜。

开始写关于《不再畏惧》的文章。下午做肉三角并急忙吃掉。打麻将，运气不好，输62元，甚悔。

5日　星期五　晴

今日农历元旦[1]，打麻将，并写成《诗的动向》一文。

6日　星期六　晴　⊗

访游、陈、钱先生，遇吴之椿夫妇，他们正要来看望我。并遇了一。进食逾量，胃感不适。晚上我们讨论古文与历法。

7日　星期日　阴

上午座谈诗，下午访查。访钱，并在此晚饭。晚继续开座谈会。

8日　星期一　阴　⊗

我们起床很晚，一切均毫无秩序。闻夫妇为燃料口角。

下午去黑龙潭并访冠英，闻太太亦应邀同往，但在旅游时看去仍不愉快。

读毓棠的《西汉开设钱庄与二世纪末至五世纪初中国社会经济的大混乱》。

据说要辞去用人。

9日　星期二　阴

昨今两日甚冷。上午读孙著《中国古代货币与汉代之交通》。下午读王瑶《说喻》，意外发现有新意见。读完《文学批评之练习》。摘记钱宾四之《国史大纲》。抄写《不再畏惧》中几篇诗。

10日　星期三　晴

进册

---

[1] 这里的"元旦"指春节，即正月初一。

上午进城，支辅助费 1500 元，立即送往温特沃思处以为家用。

访耿钰与绍谷，后者邀我去蜀乡晚餐，菜不错。晚餐后，绍谷带我去昆明茶室看演出《张三郎游地府》，颇中意。

11 日　星期四　晴　⊗

竹　进珊　咏沂

上午读学生报告。下午与岱孙同访徐毓枬。晚做"升官图"游戏，输 11 元。疲倦。

12 日　星期五　阴

请仲邑交还毓棠手稿。访之椿、施兰轩。下午归来，读奥斯卡·杰米·坎贝尔所编之《大学英语教学》（Oscar James Cambell，1934）。倦甚。

13 日　星期六　晴

上午理发。下午读《大学英语教学》，并开始写《论大一国文选目》一文。

14 日　星期日　晴　⊗

下午文章写成。从《不再畏惧》中抄一些诗。一多批评我的评论短文，谓句子太短而单调。读《大学英语教学》。

15 日　星期一　晴　⊗

教部　（稿）

读完《大学英语教学》。下午访陈、钱、游，取回新诗集。见萧涤非所作诗，其句律甚好。闻查君将去重庆。

16日　星期二　晴
做《大学英语教学》札记，改作文。近两周工作效率低。

17日　星期三　晴　×
在城内。读学生报告。桥戏。接采芷信。闻逊生将出国，为此甚不快，但金告以所谓"出国"云云系到"自由区"之意也，但愿如此。

18日　星期四　晴，晚小阵雨　⊗
读《失乐园》译本。王佐良君来访，要求余在教员与助教会上讲一次话，约定下星期六上午10时。晚桥戏。

19日　星期五　晴　⊗
访莘田不遇。寄隐500元。读完《失乐园》。晚桥戏。

20日　星期六　晴
隐
讲《中国散文之发展》，雨僧系不足10名听众之一，感到讲得甚流畅。在锡安圣堂参加伍启元婚礼。莫克君请我们晚餐。玩桥牌出若干大错。

21日　星期日　阴
归来。仍不见隐来信。继续写《诗教说》一文。

22日　星期一　雨雪
膺中

今日很冷。继续写《诗教说》。

23日　星期二　上午阴，下午晴　×

继续写文章。下午至宝台山摘抄《金文丛考》。晚准备讲稿。

24日　星期三　晴　⊗

上午等汽车一个半小时，一直不来，使我很恼火，与许一同进城，在P. C. 错过了课，开始讲宋诗，对讲课满意。晚桥戏。

25日　星期四　晴　⊗

竹　　克家

到拍卖行取回皮袍等，仅得200元。校正陈瑚之分数。

26日　星期五　晴　×

两夜睡眠不好，上午不能集中精力讲课。归来。读赵之《黄山谷五言诗句法研究》，季之《春秋时代的观人》与戴维·盖斯科因（David Gascoyne）的《幻觉效应》，发表在《明天的诗人》（选集第三册）上。作者说这首超现实主义的诗，主要为消遣而写。季文有独到见解与道义之力量，盖斯科因的诗亦如此。

成都仍无信。

27日　星期六　晴

继续写文章。新用人来。

28日　星期日　晴

继续写文章。

3月

1日　星期一　晴
乔　俞
继续写文章。

2日　星期二　晴　×
文章写成。为家中无消息而烦恼。

3日　星期三　阴，晚雨
在城内访莘田。许多学生不选宋诗课，原因尚不得知。为此，甚不快。晚读杂志。

4日　星期四　晴
收到教育委员会函，通知开国文会议。通知太晚，不及订票去重庆。冯至先生来访。

5日　星期五　晴
萧　七妹
下午到开明取500元，并取版税170元。访绍谷。参加徐毓枬的晚餐会。

6日　星期六　晴

上午归来，下午访钱与陈，在钱家晚餐，遇李约瑟（Needham Joseph）博士，据说他对中国着迷。

7日　星期日　晴　⊗

校正《诗教说》一文，并加注释，费时终日。

8日　星期一　阴　⊗×

竹　芷芬

妻来信谓张写信告我，朱仅能在彼等收到昆明分行支付同样数目之款项与我的通知后，方可支付此500元。此信可作为彼等不再照顾我之暗示。给张去信说明我将完全由自己寄去家庭用费，并感谢他们一年多的服务。开始写《伦敦杂记》序。

9日　星期二　晴

因中航机沉江致竹信迟到，并附来章的信。据总公司通告，须由昆明支行出具支付通知书。写成《伦敦杂记》序。和丐尊诗。

10日　星期三　晴　⊗

未参加徐博士茶会。迟睡，未能安眠。桥戏。

11日　星期四　晴　×

下午准备明天的讲稿。

12日　星期五　晴　×

乔　圣　竹

访了一及其夫人，了一夫人诞女婴甫一周。了一谈及如何使学生注意标点,他给我看李教授关于中国方言的语音符号表,不同意将官话的语音符号加一些东西而组成此表。他说一多的广播讲话很成功,然后谈及赵、刘间之冲突,使彼颇为难,他倾向于在学年末尾辞职。与了一共进晚餐。

13日　星期六　上午阴,下午雨　×

中英　志和　高教司　国语会　佩松

上午写五信并寄出。乘马车至冈头村,往铁峰庵拜佛者甚多,久思一游,惜无伴者,然至冈头村始悔此行。

14日　星期日　阴晴不定　⊗

日常工作,读陈敬容之《哲人与猫》与期刊上若干文章,记一点札记,效率低!

15日　星期一　晴　×

例行工作。开始为《中国现代语法》写序,进展迟缓。了一来谈及在龙泉镇开设小商店,并赠小孩棉被。读陈敬容的《哲人与猫》,拟推荐给予三等奖。此书有诗意,唯境界狭窄耳。

16日　星期二　晴　××

圣　教育部

陈邀一多与余午餐,毓棠系主宾。访陈之房东并赏其花,他告以如何种植。胃甚不适。改作文,写对《哲人与猫》之意见。

17日　星期三　晴　×××

在城内。晚桥戏致疲倦不堪。

18日　星期四　晴　×××

下午T. S.来，谈仲达事。参加预备班教学与考试会议。在彼处晚餐，尝弓鱼。

19日　星期五　晴　×××

吉忱　永年

下午到大普吉。访全、戴、陈、马诸君。马请我为其诗写序言，诺之，携诗稿归。全、汤请晚饭，菜佳。晚饭后讲《谈诗》，颇成功。之后桥戏。宿于孟昭英室内。

20日　星期六　晴　×××

罗君夫妇邀我等早餐，豆腐与变蛋[1]是余中意之菜，未尝其味已多年。与戴夫妇一同归来。至开明兑款。去医院看今甫，适值其上午出院，去才盛巷看望亦未遇。写赴美留学生中文试题，请明日去冈头村之便人带给今甫。归来倦甚，用晚膳少许即睡。

21日　星期日　晴　×

上午理发。下午休息。校正《诗教说》一文。迟睡。

22日　星期一　晴　×

上午准备讲课笔记。午睡后感到很疲倦，休息两个多小时，很伤感。晚餐后好些。重读《诗教》一文，依骏斋建议校订之。

---

[1] "变蛋"即松花蛋、皮蛋。

23日　星期二　晴　×
竹
上午心绪佳。午饭煮酸面包，其酸不堪，胃病发作，自己生气，致未能午睡。晚饭再食面包，调味以盐，然味仍不佳。继续写《中国现代语法》之序言。

24日　星期三　晴　⊗
在城内。读佛教书《如是我闻》。获悉佛教学者欧阳竟无于2月间逝世。

25日　星期四　阴晴不定
读数种期刊之文章。下午至中农行退教育部之2000元。

26日　星期五　阴晴不定
下午归来，很疲倦。一多谓寅恪、汪辟疆曾致信莘田表示吊唁，莘田欲在去重庆后开始酝酿组织中国文学会。写一首诗给江清。

27日　星期六　阴晴不定
例行工作。继续写《现代文法》一文的序言。

28日　星期日　阴晴不定　×
做纸烟，并继续写序言。

29日　星期一　阴晴不定　⊗
写成序言。阅学生练习。读一多之《关雎篇》，甚有趣。

30 日　星期二　晴　⊗

终日阅学生练习。整晚整理文学笔记。许谓所谓标点，首次出现于《宋史·何基传》。

梦家来，并谈及古代中文句读，非常有趣。

31 日　星期三　晴　×

取薪给。寄三弟 300 元。

4月

1日　星期四　晴　××

上午和下午准备讲稿。晚上停电，在烛光下演讲，听众很少。尽管如此，我相信演讲是成功的。罗以优美的声调朗诵几首诗和几段文章。他指出，我国的诗词在朗诵时语调颇难掌握。这对我很有启发。看来他并不重视我的演讲，因为他在介绍我时语调十分平淡。他甚至批评我的演讲，把它同我朗诵自己的作品相比较。不必计较这些！

2日　星期五　晴　×

吴肖园　李辰冬　王进珊　竹　圣

上午有预备警报。下午归来。访今甫并商谈。采芷来信，谓尚未收到3月份月给，为此深为不快。写信致圣。

3日　星期六　晴　×

圣陶（为《月刊》之开支）

下午访今甫，他谈了科学在文学中的地位，并提出4点看法：

1. 人们相信自然的力量是感情的源泉。
2. 科学揭示了自然的秘密并使人类醒悟。
3. 理查斯阐明了语言的两种功能，并提出科学与文学相协调和结合的方法。

4. 今甫认为人们可以从科学中获得灵感，像天文学与生物学之借助于科学那样。这是罗素（Russell）与怀海德（Whitehead）的见解。

今甫赠奎宁片。

例行工作，写宋诗讲稿。

4日　星期日　晴　⊗

例行工作。写宋诗讲稿。

5日　星期一　晴　⊗

继续写宋诗讲稿。

6日　星期二　晴　⊗

上午准备文学批评讲稿，阅试卷。下午读马文珍诗集，并开始为其写序。

7日　星期三　上午晴，下午阴并起风

上午进城。着破袜，致脚趾磨伤。

下午奇冷。赴绍谷宴会，菜肴甚好。

叔玉告我守愚来信，谓他已决定与妻子离婚，要求叔玉劝其妻快些结婚。叔玉给双方去信，劝他们冷静考虑。

8日　星期四　晴　×

潘永年　竹　圣

上午去金城银行取回1500元，下午寄信给潘，为浆糊与邮局局长口角。遇陈用才,他在邮局任汇兑职员,称我为同学。在文林街一成衣店买卡其布并定做裤子。出来时遇周太太,但未稍停留寒暄,事后殊感无礼,然为参加晚餐会不得不如此耳。疲倦。

9日　星期五　晴　×

归来时情绪不佳。倦甚。然仍须急忙动手做饭,急忙进食。日常工作。

10日　星期六　晴

上午修改《现代语法》之序言。下午例行工作。晚读《黄山谷全书》。

11日　星期日　上午阴,下午雨

例行工作。读《黄山谷全书》序及评论。批改学生作文。

12日　星期一　晴　⊗

读《通史选读》140页。

13日　星期二　晴

上午洗衣,未午睡,颇悔,甚感疲倦。腿仍肿胀,左腿尤甚。参加陈君夫妇宴会。方国彤谈有关重庆方面的传闻,其中所谈中国历史协会的消息,打消了我想组织类似团体的念头。

吴征镒来,谈及自古以来食物之变化,其所见对我颇有益处。决定停止锻炼一周。

14日　星期三　晴　×

进城。下午取裤子。晚听彭丽天演讲《中国文字的复节之由来》。彭以"鏊"（鏊欵）为例说明古代中国字有复节。（实际上，这仅仅是就字的研究而言）其条例为分裂、拼合与脱落。双声字拼合，仅保留其下字之音，叠韵字则保留字音。我对复辅音之理论甚怀疑。

15日　星期四　晴

了一　一钧　国华（文化服务社）　进册　教育部
将新版之《国语语法》交还芳若。
访芷芬并兑款，他已康复。留下三本书待售。

16日　星期五　晴　○

公权　竹　平伯　绶松
上午访莘田，闻将成立中国语言文字学会，一多、了一及唐君为发起人。为此甚不快。下午访今甫，取回有关陶诗的书籍。读《中国之命运》。

17日　星期六　晴　⊗

例行工作。读完《中国之命运》。
做黄山谷生平及其诗论之注解。

18日　星期日　晴　⊗

准备宋诗讲稿。

19日　星期一　上午晴，下午风暴

做完宋诗讲稿。

近日两腿肿胀。

20日　星期二　晴　×

上午开始写《新诗杂话》。下午进城，参加了一的晚餐会。赵太太的面包甚佳，菜肴颇丰。

21日　星期三　晴　⊗

上午访程信坚大夫，经认真检查，他诊断我的心脏因营养不良而缩小。他主张我日进六餐，但不减正常食量。他介绍我到惠滇医院做胃部检查，并约定日期做胃液分析。我去了惠滇医院，但化验员不在，一青年人说他们能做胃液分析。经告程大夫，始知青年人说谎。程又介绍去卫生局化验室，未去。

继续写《新诗杂话》。

腿已消肿。

22日　星期四　晴　○

晚完成《新诗杂话》。上午二弟来访，对我的病状深表关注。

23日　星期五　晴

佛西　广田

煮鸡蛋两个以作早餐。

读达蒙·鲁尼恩（Damon Runyon）的小说，此书无论内容上或风格上都有独到之处。

将序言稿交北望与达元，他们将寄给陈铨。王进珊退《诗的趋势》一稿,当即寄给熊。

24日　星期六　晴 ⊗

圣　竹　歌天　辰冬　龚泓

上午到徐大夫处就诊,因大便不正常,故怀疑为胃癌。参加今甫等6人之午餐会,菜佳。在端升家晚餐,赠我以蜂蜜。接竹信,谓小妹病重,小弟出疹,不知现在如何。

25日　星期日　晴 ⊗

例行工作。

写宋诗评论。

26日　星期一　晴 ⊗

下午准备宋诗讲稿。下午进城。晚请金等9人在乐乡晚餐,菜不佳。饭后应莫君邀共谈。访广田不遇。有预备警报。

27日　星期二　晴

有空袭警报。

上午改学生作文。

下午继续读达蒙·鲁尼恩的小说。

赴赵的宴会。向林抡元借诗选6册。将《现代语法》序言稿交了一,他正卧病。

28日　星期三　晴 ⊗

竹　同和　芝生

敌机来轰炸。参加一年级国文教学会议,我出言傲慢,想来必定得罪众人,伤害了今甫和广田的自尊心,下次需注意。

在东月楼参加刘嘉熙与耿钰的宴会,遇襄七,菜甚好。

错过了今晚的文化讨论会。

29日　星期四　晴　×
三弟　翕庭　小雄　静希　澹如　忍深　今甫

昨倦甚,至今腿犹肿。下午读达蒙·鲁尼恩的著作。晚听郑毅生演讲《中国传记文学》。疲倦。有预备警报。

30日　星期五　晴
下午归来。晚饭后聊天。

接采芷信,谓思俞息肺炎,蓉隽患肺炎并猩红热。

疲倦。

5月

1日　星期六　晴　○
上午例行工作。准备宋诗讲稿。

2日　星期日　晴　⊗
冠英来访并带来蜂蜜，与他长谈。请他在此早餐与午餐。中午未能入睡。
访陈太太与钱、秦，在钱家晚餐，谈秦郁文事，但未尽言。
补写宋诗讲稿。

3日　星期一　晴
上午洗衣。下午开始写《诗与感觉》一文。

4日　星期二　晴　×
王瑶来访。近来失眠。
听光旦演讲，题为《文以载道》，他把来龙去脉讲得很清楚。

5日　星期三　阴，雨
辰冬
下午黄万杰来邀演讲，时间约定为下星期一，未熟思，许在

20日（星期四）晚7时半。实际上，黄为星期一纪念周找人演讲，他日则不甚欢迎，我提出改期的主张一定使他为难。读邹承鲁诗文，又读万兆凤诗。万之诗文与邹之风格近似，而用韵则明快，只嫌单调耳。晚应岱孙邀在昆明戏院看 *Parachute Troops*（《伞兵部队》），甚有趣。但失王瑶之约，颇懊恼。读《科学与诗》一文。

6日　星期四　晴

起床前缝纽扣。课程应接不暇。

未得罗的批条，想借书未成。访芳若不遇，后他来办公室找我，将陶诗修订版借给他，并请他把我的讲稿借给昌熙。

读完《科学与诗》一文后又读龙荪的短文。准备明天的课。

7日　星期五　晴

竹　君培

上午收拾衣物。万兆凤来访，谈三点：文以载道；文载狭义之道；文载广义之道。他把第二点喻为"文学（或文化）是生活的侍女"，并自认为说得很对。至于第三点，他认为"文学仅是生活的一部分的侍女"（比如艳情小说），或者说"文学是生活的侍女的侍女"，诸如宗教、道德和政治等。他还认为，那些卫道士与艳情小说的作者，是一丘之貉，思想境界也大致相同。特别是从弗洛伊德学派的观点去观察更是如此。然后，他对第二点理论提出三条标准：人品；人的修养（谐和等）；写作时的节制或控制。他的理论最后可算达到了登峰造极的地步。他说他对最近出现的一种倾向感到不安，即把文学当作侍女应用于某些社会教条。他以俄国为例，并读了一段《乌托邦的任务》的译文。他那滔滔不绝的雄辩，使我们的谈话达到了高潮。

8日　星期六　晴
了一　佛西　采芷

上午与龙荪话别。借得《黄山谷年谱》三册。检查正变说之资料，尚不够完全。下午金来告别，读其《知识论》的《语言》一章。晚开始写《诗与幽默》一文。

9日　星期日　晴
整日写《诗与幽默》一文。

晚上抄黄诗讲稿，迟睡。腿似又肿。

一多要我与他同去登记参加国民党，我以未受到邀请为理由拒绝之。莘田给他一份入党申请书。

10日　星期一　晴　⊗
上午写黄诗讲稿。大便颜色变正常，为此甚高兴。例行工作。下午改学生作文。

11日　星期二　晴
上午例行工作。读完雷编的《中国通史选编》第六册。发现何先生将"诗含神雾"的出处弄错了，原文在黄道周的《汤洞玑》内，引自陈乔枞的《齐诗翼氏学疏证》。我为此甚喜。

校对我为王的《文法》所作序言。

12日　星期三　晴
因有预备警报故未能到预备班讲课。三弟来信谓有一封我的信失落。晚聚餐会，心恒讲《中国的民族思想》。其中强调了中国历来特别是明清之际是没有民族思想的。讨论之结果：中国之士大夫历来强调文化之主流甚于民族问题。农民的态度一向是"抚我则后，虐我则仇"（见伪《太誓》）。……

13日　星期四　晴
晋三　慰堂　竹　聚仁　临川
下午有预备警报。
读鲁迅的《奔月》和《铸剑》。到拍卖行。徐本生来。

14日　星期五　晴
学生中有人指出《铸剑》故事中宴之敖者乃剑工之灵魂，此乃确论。下午到开明，还吴书籍。访黄万杰，将演讲日由下星期三改为星期四。广田赠蜂蜜。圣陶交来陈觉定之《大一国文选评议》一文，所述意见甚公允。将此文交莘田，请他阅后交冠英。闻莘田之小孩已到达城固。晚听王宪钧讲《意义》，其要点为：无意义之词句为废话。评判之标准有三：是否合于文法；是否有矛盾（例如"我正在说谎"）；层次是否顺当（例如"四是方的"）。但就标准说来，层次又决定于能否证实，例如"笛子的声音是红的"，"纪元前70年昆明下过雪"。前者需反证方有意义，而后者则有证实的可能。但是，既然无法证实在我们宇宙之外另有一个时间和空间互无关系和宇宙，那么这些就是没有意义的。

15日　星期六　晴
上午归来。抵冈头村时，见王家坝浓烟滚滚，昨晚受轰炸之结果也。我们的警报系统不好，发现敌机较晚，我方只有几架飞机起飞迎敌，故损失惨重。
抄宋诗讲稿。

16日　星期日　晴　⊗

准备宋诗讲稿。

17日　星期一　晴

近两日腿又肿。例行工作。为写《诗正变说》一文搜集材料。

18日　星期二　晴　×

准备《诗正变说》的有关材料。例行工作。为董幼邻和马晋三写诗二首。

19日　星期三　晴，晚风雨

有预备警报。下午开教授会，有人试图通过一项举行罢课的决议，但未成。有人甚至打算绝食。吴之椿发言尖锐，讲得很好，可惜我错过了。奚若今天异常理智，而燕召亭与李树青则头脑发热。周枚荪、正之与雪屏当选为代表。参加预备班会议，并与行政委员会常委会餐。正之自袁希渊处得知教授会议之歪曲报告，甚激动。餐后的委员会上，我提议优先考虑大学的公共课。王瑶告我，一多让他报考我们的文学研究所，并答允他可能被聘为兼职助教，此事一多从未让我知道。

20日　星期四　晴，阵雨　⊗

下午到邮局取《经典常谈》并稿费200元。访卢先生并代金先生赠食品。晚到卫生事务所演讲，适逢空袭警报。因不知是演习，故演讲中止，到大学方知究竟。后归。

21日　星期五　晴

起草《大学公共课规则》，但立即悟到我们这个委员会在无院系赞同的情况下，无权制定这种规章制度。故委员会会议上，只通过预备班课程设置和规章制度，指出工学院提出的预备班可以考虑。

22日　星期六　晴

上午访今甫，赠以《经典常谈》。下午访端升。赠梦家以《经典常谈》。应钱邀晚餐。归来准备宋诗讲稿。

23日　星期日　晴

圣陶

上午洗衣。注射霍乱与伤寒的混合预防针。

抄宋诗注释。

打针后有反应，整夜不适。

24日　星期一　晴

身体仍不适。准备黄诗讲稿，晚改学生练习。

25日　星期二　阴晴不定

完成短文《人话》。开始写中国诗歌的辩证发展的文章。

26日　星期三　阴晴不定

三弟

上预备班课迟到。晚参加雪屏主讲的座谈会，出席者甚少。

27日　星期四　晴

达元请赴茶会,肉饼甚好。仲衡归来,谈训练团之经过,甚有趣。

28日　星期五　阴　×

下午听陈省身关于训练团的谈话。晚读《文坛》和徐迟的《〈十年诗草〉评判》。

29日　星期六　晴

昨夜大雨。下午核对《文艺先锋》订单。去绍谷在郊区的住宅,参加他举办的宴会。其住宅在村镇之间,可饱览乡村景色。徐太太亲手做饭,菜肴精美,客人皆老友。唯一不足之处是除我之外都是北大的,话题自然集中在北大的事。

写对了一《文法》一书的修改意见,并分别通知出版委员会和了一。莘田谓了一眼界狭窄,不谙人情世故。

30日　星期日　晴

了一《先锋》

早归来。注射。准备宋诗讲稿。

31日　星期一　晴

抄宋诗讲稿。

6月

1日 星期二 晴

上午洗衣,看学生练习。下午继续写《诗正变说》一文。晚给迈先写信。

2日 星期三 晴

等车,久不到,甚烦。去蒜村乘车,遇朱汝华小姐。晚上闲聊。

3日 星期四 晴

白沙 中图

给学校写信,申请医药津贴。下午到邮局取300元。晚阅试卷。

4日 星期五 白天晴,夜晚雨

预备班学生要求逐字逐句解释国文课文并多做测验,同意多测验而拒绝逐字逐句解释课文。我承认未给他们足够的时间预习与复习课文,但仍很激动。

卖掉一匹半窗帷布,得2400元,颇顺利。赵世昌昨告我 T. H. 可能愿买那种布,但须与弗斋商量。后赵又告他可能只买半匹,今天见弗斋得知并非如此,一笑置之,幸已卖给商人。
访达元并向其长女赠礼品。
读《大国民报》,看到以我全名发表的文章,为此深恶编者。
晚修改学生作文。

5日　星期六　阴晴不定 ⊗
汪公望
上午乘樊的汽车与福田及樊同至飞机场。遇龙荪,因时间短,未及细谈。以后到中航公司招待所,陈夫人招待饮咖啡,甚美。下午寄成都2000元。买礼物。

6日　星期日　阴晴不定
上午改学生作文。参加冠英夫妇的午餐会,菜佳。谈及远走高飞的5名学生,其中有冠英的儿子。向钱、陈赠礼品。访游,去橘皮营两次。

7日　星期一　阴
昨夜降大雨。准备宋诗讲稿。下午游君来。闻君夫妇招待午饭,甚美。晚餐后访汤。

8日　星期二　晴
上午写黄诗笔记。给预备班学生判分。开始写《真诗》一文。

9日　星期三　晴 ⊗
晚参加聚餐会。今甫讲山水画,未抓住要点。一多做主席,发表了独断的意见:陶渊明脱离现实,在有些事情上他是错的,陶渊明的爱好者也有错误。这些话皆令我不快，然皆以沉默对之。汤指出魏晋人强调天机，例如对相风的描写。孙毓棠指出贵族占领土地、园林与山水诗发展之关系。王逊指出地图与道教为山水画之起源。莘田告余陆治安的资助计划。又，看《〈历史文选纲要〉之评判》。归时福田已关门。

10日　星期四　晴
肖铁
下午取汇款5万元。参加了一宴会，遇刘震寰将军，他看来比实际年岁要年轻得多，并很健谈。今甫谈政治问题，所论甚多。

11日　星期五　晴　×
计算预备班学生之分数，有错误，以后须注意。下午归来。记日记。重写《真诗》一文。

12日　星期六　阴晴不定
写《真诗》一文。

13日　星期日　阴晴不定
文章写成。晚饭后访梦家、端升。

14日　星期一　晴
昨夜雨。
主持宋诗考试。听多德斯讲近代英国诗歌，似很平常。

15日　星期二　阴晴不定

肖铁

访广田,欲借蒲风诗,未成。听多德斯讲希腊校勘学。

16日　星期三　晴

上午清理内务,洗衣,扫除。

参加欢迎刘健群先生之茶会,他颇自我炫耀。奚若批评当前政局,特别是批评蒋介石。

一多未能来讲国文评论课,甚遗憾。F. F. 邀至"大三元"。

17日　星期四　晴　⊗

圣陶　晋三　以群　龚泓　肖铁

阅试卷。邀培源至榕园晚餐。

18日　星期五　晴

去学校查资料。

下午校对汇款单,并购物。

19日　星期六　晴　×

阅毕业论文。下午参加刘健群的座谈会,菜佳。

20日　星期日　雨

读钱的论文,不错。培源来。奚若下午来访。

21日　星期一　雨　××

君培　公望　展文　建功　《时与潮》　竹

疲倦。向注册组交成绩单。下午归来,晚商谈饭团问题,决定继续延长。

22日　星期二　阴晴不定

倦甚。去北大图书馆借《经义考》4卷,浏览之。继续为写诗的文章而搜集材料。徐告以应尽快找女佣。开始轮流做饭。中午长睡。

23日　星期三　阴晴不定　×

甚疲倦。忙碌,抄写文章的材料。

24日　星期四　雨

写文章。

25日　星期五　晴

上午改文章并休息。下午进城参加考试,迟到5分钟。访达元。

26日　星期六　晴

广田

阅卷。

参加梅的午餐会。轮休者皆被邀请,饮酒一碗。去"长虹",将包世臣的字画减至3000元。谢绝招生考试委员会负责人与留美学生选拔委员会负责人两职。

参加培源宴会。玩桥牌。

为一年级学生写补充读物目录。拟入学考试题目。

27日　星期日　阴晴不定

阅试卷,并将成绩交丁先生。读李何林文章。

28日　星期一　雨

读以下文章：

G. K. 采斯塔顿:《讽刺的艺术》;

亚瑟·揆拉·科契:《诗的通俗概念》;

伯特兰·罗素:《机械和感情》;

J. B. 普莱德里:《论人的放纵》;

乔森纳·斯惠夫特:《政治欺骗术》。

以上各文均收集在范存忠、柳无忌所编文选中。

去裕大,访广田未遇。托鲁给正之带饼干。遇从文与张祖诒,张答允借诗集。张鸿飞借给我蒲风的《摇篮集》与田间的诗选。此间青年正酝酿行动以抗议龚被停职一事。

29日　星期二　阴晴不定

到大学取书及薪给。到西仓坡见茀斋,谈他受聘于四川大学之情形。在他家午饭。广田来,访陈苨及黄柱。

30日　星期三　阴晴不定

竹　二弟

上午归来。路泥泞难行。

写论诗的文章。

7月

1日　星期四　阴晴不定

忙于做饭。继续写文章，进展迟缓。

2日　星期五　雨

继续写文章。

接莩斋信，邀我去夏令营，费用1000元，尚未决定，拟进城与他面谈。

3日　星期六　阴晴不定

上午大雨。下午乘汽车进城，应莩斋之请见企荪，如莩斋之望，决定参加夏令营。

4日[1]　星期日　晴

早理发，遇丁福申，为会钞。11时莩斋来，同车行。过倒石头，司机坚不肯行，车亦陷。余等助彼将车救出。遂改乘马车。路仍难行，复改乘舟。6时余到山，风物甚佳，树尤有意致。住小学耳楼，蚊甚多。

---

[1] 7月4日至26日的日记用中文书写。

5日　星期一　雨
　　早移正楼。续写《正变说》。下午学生到,代表数人向弗斋请求教师让宿舍,住耳楼。沈不许,乃至余处。余答以不赞成,未深责。但心中殊不乐。

6日　星期二　阴晴不定　⊗
　　晨学生开会,以昨夜大雨屋漏,请即归。有论者谓较上课尤不舒服。沈开导允之。旋来谈,意欲让山下正楼。余始坚持不让铺位,后有人提议迁镇海塔,余亦乐迁于彼。入营式中,沈遂宣布,风潮乃息。余始有离山辞职之心,后乃让步,学生实太娇也。午后迁居,新屋甚好,晚康乐会。

7日　星期三　阴晴不定　⊗
　　竹
　　仍继续工作。晚座谈会,谈交友与恋爱。沈提出诸生放洋前结婚问题,甚切实,引起议论不少,但未论交友,学生发言,不条理。

8日　星期四　晴　⊗
　　下午入水游泳。论文上部成。晚陶云逵来改定演说辩论为三次,并定为自由参加。因学生甚松懈,少能强迫也。成《国徽花》诗。称76老斤(市斤)×3÷5=45.6千克,合100磅。余身长5尺2寸,合157厘米,其余数90%为应有体重公斤数=51.3千克。

9日　星期五　晴
　　游泳。早洗衣。读朱孟实《谈修养》。

10日　星期六　晴

游泳。晚演说会,参加者8人,大致清晰。

11日　星期日　晴

参观海口造纸厂,又参观53厂。遇雷伯伦一行。上午曾特别开工,下午停工,但参观捷式机枪工具样板。周自新厂长演说:首应重国文,知国情,懂礼节;又述办厂经过,分材料精确、工具、样板三项。极有味,且切实。舟去车回,倦甚。

12日　星期一　晴

早缝补,游泳。读《青年的修养》。此书非为青年,而为教育者。晚大雨,行李湿。李树青等日间来,伯伦欲即讲演,事实不成,留李在此。晚大雨,吾辈极碌,李安卧不动。

13日　星期二　晴

竹　广田　善周

早晒晾,读《青年的修养》毕。读《新人生观》。游泳,莾斋下山。

14日　星期三　午前晴,午后阴

早洗衣。读《新人生观》。晚座谈新诗与旧诗,领导殊不得法,学生兴味亦太少。余发言甚多。作《班歌》。

15日　星期四　早雨,午后阴

早作一诗,赠清常。学生欲归。读《新人生观》毕。文字殊无多进步,思想亦浅。叔玉来,庆年、庆德俱。

16日　星期五　晴

读卞之琳译《维多利亚女王传》。壁报出，30张。晚辩论会，准备不充分。余亦误说一项规则，成绩不佳。早打5枪，俱未中。辩论会算分数，余亦误，结果无关紧要。游泳。

17日　星期六　晴

早骑马。读《维多利亚女王传》。晚英语讨论会，参加者6人。读音有问题。游泳。

18日　星期日　阴　×

游庚园，有俗处，但大体不恶。叔玉行，膺中来。写民众壁报稿。客多，诸孩争马，学生有烦言。

19日　星期一　阴晴不定　×

山上人多。读《维多利亚女王传》。成《国旗》及《四强》二稿。清常似真高兴。晚康乐会，朱太太拼字游戏及领结竞争尚有意思，但次者多不诚实。晚有男女山歌，用假嗓。

20日　星期二　晴　×

观音香会，有四川乞丐，用七言韵语数板索钱，甚敏捷。民众壁报出，殊草草。读霍斯曼《乡下佬》，读《维多利亚女王传》毕。闻男女山歌。

21日　星期三　阴

学生去者多。张成《班歌》谱。读霍斯曼《乡下佬》，剧中对话极成语化，第一身三身主词常省去。晚座谈会，论中国战后关系，学生虽发言不少但均短，且无劲，太现实，且近于失败主义。有人问李其泰战后中国党派问题，李极不愿，余代答。下午有人登楼问夏令营正开始？余告以已结束。渠云夏天完了么？余仅答以规定如此。此人殊无礼。称76斤。

22日　星期四　雨

早摘记《维多利亚女王传》。下午起稿《诗与建国》。学生发现英文匿名帖，吊问工友，牵涉沈小姐，但渠极沉着。清常为沈力辩。晚康乐会，勉强为之。颇思辞职。

23日　星期五　晴

早乘舟，浪大，舟不能行，步行至苏家村，上车。袁绩恂让座，未接受。取信，回北门街。遇重华，谈云大事，访达元。晚饭时泼水事为王宪钧所注意。

24日　星期六　晴　⊗

早谈夏令营，继侗谓去者皆有揩油之嫌，以后当不谈此事，余殆挨累。上午赴邮局取书罚18元，且麻烦。下午寄款购袜与鞋油。访锡良。午睡佳。

25日　星期日　晴　⊗

午前观《幻想曲》，佳。但买票极受罪。在达元处吃面，甚佳。访莘田不遇，以一考生信留其处。访之琳，借书二册及何稿。遇今甫，告广田病，又谓选本只以文艺及文论为限，余无言。下午洗衣，不能归。午睡不佳。昨晚有事，细面亦多吃。

26日　星期一　晴

竹

热甚，早归。午睡佳。洗衣，零碎事多。

27日　星期二　阴晴不定

继续写《诗与建国》，完成之。

28日　星期三　阴晴不定

上午读《战地钟声》。下午进城。为福田、企孙、寿民举行欢送会和欢迎会，在榕园晚饭。饭后与寿民谈北平教育界之态度问题。成《娇女诗》：

谁家娇小女，啼哭赚亲怜？
灶媪长同榻，邻童敢比肩！
出言如老吏，努目试轻拳。
兄姊避三舍，司晨不待年。

末句甚不忠厚。到市立医院探视李广田，并交他《生命的火焰》与《诗与建国》稿。

29日　星期四　晴

了一　广田　清常　膺中

昨晚接襄七信，今上午前去看望。他盛情相邀，问我愿否去成都。廖曾写信给他，谓妻病愈，盼我归去，襄七可为安排一小汽车。感妻厚意，但我不能去。襄七答以乔兄弟事。在秦家午餐。雨僧为其女儿写诗一首，余以一首和之。下午归来。

30 日　星期五　阴晴不定，下午大雨

继续写文章。下午江清与女佣口角，女佣大哭，余甚窘。

31 日　星期六　阴晴不定

继续写文章。

访冯夫妇，还北大与叔湘书。理发。

8月

1日　星期日　雨　×

上午继续写文章。下午进城,与许、浦俱。参加金的晚餐会,饮酒颇多。

2日　星期一　阴雨

阅卷。宴请闻、罗于"五湖春",天不作美,饭馆也差。四菜中仅一菜尚佳。谈话亦不愉快。倦甚。

3日　星期二　晴　×

上午读海明威的《战地钟声》。下午访了一并共进晚餐。其《语法理论》之装订次序有误,这是傅孟真给了一信中所说。

4日　星期三　阴

下午洗衣。晚打桥牌。

5日　星期四　阴　×

圣　竹　辰冬
读海明威著作。

6日　星期五　阴晴不定
阅卷。疲倦。心情不佳。

7日　星期六　晴　×××
阅卷。

8日　星期日　阴
阅卷。

9日　星期一　雨　×
上午读海明威著作。下午及晚在周家,甚窘。

10日　星期二　阴
参加预备班为陈东原举行的午餐会。又赴莫克宴,颇豪华。

11日　星期三　阴晴不定
上午改作文。心恒要求在中法大学教诗两小时,不得已许之。晚冯来,对叔雅被解聘表示不满,谓终不得不依从闻之主张。

12日　星期四　阴晴不定
上午送别 F．P．,在达元家午餐。
下午访开明,看子恺的速写。

13日　星期五　晴
桂炳炎
收到蒋先生、梅先生 2000 元。

139

14日　星期六　阴晴不定

上午归来。忙于清扫住宅，并翻找妻要的照片。

下午访陈与钱太太，在城内耽搁过久。必须抓紧时间，必须集中精力。

15日　星期日　晴

继续写文章。晚睡。自闻之孩子处得知闻对我选的初中教科书里的新诗很轻视（原话是"瞧不起"），莫此为甚！

16日　星期一　晴

继续写文章。用一下午搜集评论苏东坡之参考材料，徒然。

17日　星期二　阴晴不定

上午洗衣。下午到北仓买面粉。继续写文章。

18日　星期三　阴晴不定

到预备班时迟到。下午读海明威著作。温特询问有关其妻从他朋友处收到1000元钱的事，这种商人作风令我不快。他建议我给佩苇[1]写信，让他付这笔钱。

19日　星期四　阴晴不定

上午到图书馆。访七哥，交镜及墨，求他带给家里。午饭佳。晚桥戏。

---

[1] 佩苇是朱自清的弟弟，朱物华，字佩韦，日记中写作"佩苇"。

20日　星期五　阴

竹　三弟　颉刚

访徐，在徐家午餐。访耿，得知两月前已返成都。

21日　星期六　阴晴不定

上午访钱太太，交付800元。陈招待午餐。继续写文章。

22日　星期日　阴晴不定

继续写文章。

23日　星期一　阴晴不定

继续写文章。梦家来，他正在写一篇《尚书》与秦始皇关系的文章。

24日　星期二　雨

晚上完成文章。昨夜失眠。

25日　星期三　雨

进城，路异常难走。讲课，甚精彩。在周家晚餐。卖出橡皮管，得800元。

26日　星期四　阴晴不定

拿到美国布的服装。在图书馆找到参考资料。购鞋一双，价500元。买烤鸭并带到周家进餐。

访长虹，带回墨盒及稿件，墨盒放在裕大寄卖。

27日　星期五　阴晴不定

上午洗衣。访七哥,托他给竹带布。访芷芬。为周取1000元。得知皮外衣已售出,价1200元。到昆华图书馆查参考资料。

28日　星期六　阴晴不定

在云大图书馆找到参考材料。下午归来。脚趾又被磨破,路甚泥泞。

修改《诗正变说》一文。

29日　星期日　阴晴不定　⊗

读海明威著作。承梦家情,借2700元交钱太太。晚女佣同闻之三子口角,他甚调皮。

30日　星期一　阴晴不定　⊗

钦立

查找参考资料,徒然。

读《民族》杂志与《书经》上的两篇文章。

31日　星期二　晴　×

下午写信。晚改作文。

校对文稿。

9月

1日　星期三　晴
公权　隐　建功　晋三　平伯
进城。下午开教授会。晚甚感疲倦。

2日　星期四　阴晴不定
找参考资料。上午查对薪金与补助费。下午读美国的《读者文摘》并洗衣。改学生作文。

3日　星期五　晴　⊗
参加梅先生中午举行的招待会,遇陈菊州、赵伯诚。陈为人甚滑稽。晚访达元。

4日　星期六　晴
上午访今甫,共进午餐。下午归来。还给杨以海明威的书。

5日　星期日　晴　⊗
例行工作。读张政烺的讲史和咏史诗,甚严谨可信。

6日　星期一　晴 ⊗

上午洗热水澡。闻的孩子从我桌上拿走4本书而不留一言,忍之又忍,看来并无全部归还之意。

例行工作。

7日　星期二　上午阴,下午急雨 ⊗

闻立鹤

例行工作。访陈先生及钱太太。陈招待午餐。读侯外庐《中国社会史论》三章。

8日　星期三　阴

急忙赶进城,到预备班上课,并未迟到,原来是我的表快了。下午缝补衣服。在达元家晚餐。

9日　星期四　阴 ⊗

梅先生

到联大。访孙,看《学律诗源本志林》,借《亚洲腹地旅行记》。食麦芽糖。下午买礼品,到开明。

10日　星期五　雨

下午阵雨,未归。

读沈同的《营养新论》稿。

晚上打桥牌。

11日　星期六　阴

上午归来。参加钱太太午餐会,菜佳。访陈。晚继续读《中国社会史论》。

12日　星期日　雨

早餐啖月饼。一天以愉快开始，惜终日降雨，且忙碌。冠英上午来，只好放弃洗衣服。试图集中精力读书，但总是心不在焉。午睡后洗衣。

应何请代向房东赠礼，以后这类事应慎重考虑。这座房阴暗又嘈杂，雨天尤甚。读完《中国社会史论》并做《说文》笔记。

13日　星期一　午后晴

读完《中国通史选读》第七册，校正《营养新论》。未能午睡。晚餐会上决定调整租金。

14日　星期二　晴 ⊗

读完《营养新论》。参加郭的宴会。访汤并安排运米事。准备讲稿。改学生作文，仅5本。

15日　星期三　阴晴不定

进城。下午改作文，到周家晚餐。

16日　星期四　阴晴不定，晚上风雨

访周久庵，借给他书二册。
彭退还《高等教育季刊》。
改学生作文。开始在大学讲课。
买米等甚烦人。

17日　星期五　晴　×

上午到医院看眼疾,与郑谈胃病,谓须注意体重。经正之介绍会见昆明《扫荡报》社社长李诚毅。

18日　星期六　晴

上午归来。整理杂志,搜集有关陶潜的全部参考资料。闻的孩子还书三本,但却没有杰克·伦敦的那本。他趁我不在把书送回,只字未提丢书的事。想来那本书是丢了。

19日　星期日　晴　⊗

维周　蒋祖恒　清常　千帆　张遵俭　隐　三弟　叔雅

眼疾恶化。写信。

20日　星期一　晴

乔　俞

为中法大学选诗。

读有关陶潜的参考资料。

晚上未工作。

采芷来信,谓子雄去世。

21日　星期二　晴,有小雨　⊗

准备陶渊明及文学批评讲稿,未做他事。

22日　星期三　阴晴不定

上午进城,开始给中法大学上课。8位同事宴请周夫妇,餐后去周家。菜肴佳。

23日　星期四　阴

上午到周家话别。医生谓余眼肿为药物反应。参加了一的晚餐会。

24日　星期五　阴

倦甚。

25日　星期六　阴晴不定　⊗

上午归来。访钱太太、陈先生。读完《国文杂志》。

26日　星期日　阴晴不定

隐　幺妹

例行工作。游、冯来访，还冯书。晚饭前一直谈诗。写一首诗赠岱孙。从《文哲季刊》摘录一些材料。

27日　星期一　阴晴不定

例行工作。

28日　星期二　雨

整日为中法大学准备讲稿，上午并做例行工作。中法大学讲稿进行不顺利，须改变写法。改学生作文5本。迟睡。

29日　星期三　阴　⊗

上午进城，路甚难走。晚因眼疾休息，于马车中成诗一首。为黄赠陈诗而不快。黄之傲慢造成最近之争论。对他容忍是必要的，他知识甚广。

30日 星期四 阴

两小时改学生作文20本。J. P. 欲辞职,以抗议系内对他教学资格的审查。

10月

1日 星期五 阴

昨取薪给。讲陶诗课时有误。表停致误临大课。谈有关青年问题。

2日 星期六 阴

上午看徐大夫,以磺胺噻唑治眼炎。

读曹子建诗,因警报到室外。与胡长谈,后遇罗。参加绍谷晚餐会,甚愉快,其家每人做一种菜,第一道菜是俄国罐头蟹肉,其味道不如餐馆之好。参加宴会有不少年轻人,罗、程、张之女儿容貌平常,但张小姐甚纯洁可爱,而其父却谈吐粗俗。莘田唱昆曲,嗓音甜美,一如张小姐。莘田之子朴实天真。请绍谷帮助出售包世臣字帖与赵之谦的画。见雪屏的四黄石,不甚佳。

3日 星期日 雨

上午归来。女佣走了,甚意外。在《民族文学》上读梁宗岱翻译之《莎士比亚十四行诗》,甚好。又读《英国文学之背景》。

4日 星期一 阴 ⊗

上午忙做饭,料想移住城内可望好些,但犹豫不定。例行工作。

5日　星期二　阴
理发。例行工作。读陈寅恪的《唐代政治史述论》稿。倦甚。

6日　星期三　晴
进城。上午无课。中法大学讲课有误。

7日　星期四　晴　⊗
医生为诊眼疾。参加师院国文学会的晚餐会。

8日　星期五　晴
晚头痛,未能治事。

9日　星期六　晴　⊗
竹　中央图书馆
上午归来,甚感不快。

10日　星期日　晴　⊗
忙做饭。例行工作。赋诗一首。

11日　星期一　晴　⊗
忙做饭。例行工作。访端升,应邀在其家晚饭,并倾谈。菜佳。

12日　星期二　晴　⊗
准备诗选讲稿,甚忙。得竹信,责采芷。

13日　星期三　晴，阴晴不定
进城。晚准备诗讲稿。

14日　星期四　晴
上午访奚若不遇，他太太打了小使。晚因眼疾休息。

15日　星期五　晴
上午改学生作文。晚再读《藏晖室札记》，但选不出可供学生阅读者。

16日　星期六　晴
访今甫。发现丛话中有《东坡语》。借谢诗并年谱稿，甚喜。章太太招午餐。归来，读朱东润文章二篇。因眼疾早眠。

17日　星期日　晴　⊗
例行工作。读阮嗣宗。眼疾好转。

18日　星期一　晴　⊗
读完曹子建诗。例行工作。

19日　星期二　晴　⊗
早做操。例行工作。读田葆瑛文章。

20日　星期三　晴　⊗
眼疾又发作，晚未做事。见杨秀鹤女士，胖而美。

21日　星期四　晴　×

读汉森·巴尔温、赛珍珠及比森等人谈中国的文章。巴尔温语气最烈,而赛珍珠则较温和,两文均有一定真实性。比森文最长,带"左倾"色彩。

上午到富滇银行兑款。访周、杨不遇。留一多信给杨,彼同意退1000元给谢和我。还郭著给周。

22日　星期五　晴　×

应弗斋邀午餐。参加方国定所办《正义报》晚餐会。

23日　星期六　晴

读《读者文摘》及《正气日报》文章。

下午看李枢大夫。

冯至来并订下星期三晚约会。

24日　星期日　晴

竹

上午归来。

25日　星期一　晴　⊗×

例行工作。

26日　星期二　晴　⊗

张遵俭　颉刚　潘齐平　莫一钧

上午写信数封。改范宁文章。下午改学生作文。

27日　星期三　晴

改中法大学课为星期三下午 2～4 时。

在西域楼参加冯至夫妇的宴会，客有恩普茶叶公司经理白先生及戴练红大夫。冯酒量甚大，给人以"罐子"之感。

28日　星期四　晴　⊗⊗

上午改学生作文。参加李诚毅晚宴，遇王泽文副司令及邱清泉军长。邱为讲述拿破仑战史，甚冗长。此为《扫荡报》之集会。席间谈及应用文，邱盖文言文之拥护者，谈话皆甚认真。

29日　星期五　晴

吴征镒、蓝蒲珍与施巩秋来访，与谈一小时余。

30日　星期六　晴

上午归来，得知厨役已离去，实出意外，从此又须自己做饭，为此甚不快。读侦探小说。

31日　星期日　晴　×××

洗衣两件，颇费力。心绪不佳，下午做饭时几乎呕吐。读莱因哈特之《环形楼梯》，未吃晚饭。上床休息时，江清朗诵词数阕，并述其在东南大学同学之情况，甚慰。

11月

1日　星期一　雨

今日情绪甚佳。读完侦探小说。

近来肠胃不好,须注意。上午准备讲稿。

2日　星期二　晴　×××

胃肠不适,情绪不佳。上午准备讲稿。下午读《诗歌朗诵手册》《高兰朗诵诗集》及何其芳的《夜歌和白天的歌》,甚喜。

3日　星期三　晴

昨夜胃痛并呕吐。无人照料,甚至无人对此感到惊讶。今日进城。下午演讲,不成功。

4日　星期四　晴　⊗

阅学生报告,甚不快。

5日　星期五　晴

晚冯宝麟、骏斋与征镒来访。读臧克家《泥土之歌》。

晚将学生补助金申请报告交委员会。

6日　星期六　阴

今日为余生辰，然心绪殊恶。近午归来，时将午餐。为此怒极，溢于言表。晚饭炊事毕，善周暗示责余。先时午餐席间，彼即不愿与余合作和面。激动之下，乃决定以后常住城内。闻小妹作诗，令人惊奇。

7日　星期日　雨　××

胃不适。

昨夜饮茶过多，致通宵失眠。读镇淮的《战国时代的观人》一书并做笔记。读完范宁的《风流释义》，做些更正。阅《诗正变说》稿并改错。轮到我做饭，何来帮忙，找借口加以谢绝，他像昨晚一样，未置一词，我感到如释重负。

上午包装，晚继续收拾东西。

8日　星期一　晴　⊗

上午与江清共进城，缓行且谈，甚感愉快。下午整理书籍。晚读美国《读者文摘》。今日起改变作息时间。

9日　星期二　晴

到英国大使馆阅览室借书一本。该室在唐家庭院一角，很美。读日文并准备陶诗讲稿。下午去大学图书馆，读生日文章，费时不少。到几家书店找《表文笺正》，徒然。

10日　星期三　晴

上午成诗一首。下午进城购纸烟及茶叶。晚开生活指导委员会。

11日　星期四　晴

核对一年级学生要求补助的申请书，费3小时。今起给中文系一年级讲课。晚读美国《读者文摘》。

12日　星期五　晴

读完洪深的《戏的念词与诗的朗诵》。下午参观美术展览会。疲倦，早眠。

13日　星期六　晴

访襄七，贺其四十一诞辰，在彼处午餐。访开明并寄售书籍。参观艺术展览。

写信给培源。

为企孙撰联以悼念王毅信先生：

群已摧眉最分明，忠忱无斁，直道长存，奉戒十年如一日；
平生学行有根柢，能者多劳，善人不寿，同僚两稔引深悲。

14日　星期日　晴　×

开始写《朗诵和诗》一文，进展迟缓。下午与岱孙等同游莲花池及英国花园，花园甚美。晚继续写文章。

15日　星期一　晴

竟日写《朗诵和诗》，完成之。读理查德·威尔森（Richard Wilson）与 J. J. 拉特克利夫（J. J. Ratcliff）的《谈话的心理学》数页。

16日　星期二　晴　⊗

例行工作，并准备谢灵运诗讲稿。晚打桥牌，情绪不佳。

17日　星期三　晴

上午准备谢灵运诗讲稿。

下午开教授会。梅校长建议四年级学生进行战地服务，大家赞成。去冯至家参加茶会，到会者皆文学界人士。初时说话颇多，后稍节制。今甫谓将任《世界学生》编辑，并告杭已将1000元退英国大使馆新闻处。骏斋来访，告以江清说了些闻家的唐突话，他认为无甚要紧。我在冯家茶会上批评了一多的文章，颇后悔，今后宜克制。

18日　星期四　阴　×

上午国文课后到图书馆查关于谢诗之参考材料。归来后阅学生练习。晚端升来。改作文，至1时始就寝。

19日　星期五　蒙蒙细雨

整日忙于讲课。读《四六丛话叙论》。电灯忽明忽暗达15次，终至熄灭，十分恼人。早睡。

20日　星期六　阴　×

竹

天冷，致无法做事。仅读T. H. 皮尔（T. H. Pear）的《谈话的心理学》50页。

21日　星期日　雨　×
天仍奇冷。读完皮尔著作，并做摘记。

22日　星期一　晴
蓬子　文藻　士瑚　诸谦　伟岩　璧城　平伯　圣陶　三弟
上午写信。下午进城买袜子及面巾。算账错误，颇可笑。晚桥戏。

23日　星期二　阴　⊗
写周老太太八十寿辰宴会开会词，事先读归有光范文二卷，然后请江清修改，其提议极佳，多从改之。读完威廉·萨洛扬（William Saroyan）的《人间喜剧》节本，尚佳。

24日　星期三　阴
上午准备讲稿。下午阅报。晚阅试卷。

25日　星期四　阴
抽空改学生作业。

26日　星期五　晴　×
应莩斋邀午餐。晚准备明日讲稿。

27日　星期六　晴　×
早起。为警察讲课。彼等迟到，且不耐心听讲，甚窘。灯光昏暗，看不清听众反应，亦不知后排能否听到，只能提高嗓音，但仍有人欠伸不已。历一小时，苦不堪言，归时头昏眼花。本拟在一较好餐馆用早餐，但情绪不好，致去一小店。

中午长睡。去司家营，甚感疲倦。抄诗。早睡。晚饭食鸡，甚好。

28 日　星期日　晴　××

摘记《戏的念词与诗的朗诵》一文要点。

29 日　星期一　阴

进城。改周老太太八十寿辰宴会开会词。写关于黄著的评论。

30 日　星期二　晴　⊗

教育部

为写《爱国诗》一文，到几个图书馆查资料。取月薪。下午至晚写文章，完成其半。

12月

1日　星期三　晴　⊗

教育部　编译馆

准备诗论讲稿。写完《爱国诗》一文。

2日　星期四　晴　⊗

修改《爱国诗》一文,并寄往桂林。晚开始写《文脉》一文。

3日　星期五　晴　×

写《文脉》两段。疲倦。昨夜失眠。

4日　星期六　晴　×

云彬

上午写成文章。下午到中法图书馆借书。达元邀晚饭。读《民族文学》。

5日　星期日　晴

上午与同室诸友绕绿湖散步。

开始写《译诗》一文。

6日　星期一　晴

继续写文章。徐君恕来访,邀余参加明日晚餐会。

7日　星期二　晴　×

文章写成。参加吴晗的餐会,菜佳。

8日　星期三　晴　×

上午准备诗的讲稿。晚未治事。

9日　星期四　晴　×

改学生作文。黄太太为余缝纽扣,甚感。疲倦。

10日　星期五　晴　×

开会研究预备班问题,决定继续办下去。

11日　星期六　晴　××

在乐乡参加继侗的早餐会,馒头甚好。感冒,未理会。上午洗温水澡并按摩。开始写《诗韵》一文。

12日　星期日　晴　×××

继续写文章。夜呕吐不止,失眠。

13日　星期一　晴　×××

范宁

继续写文章。胃不好,整夜呕吐,不能入睡。

14日　星期二　晴　×××

仍继续写文章。

15日　星期三　晴　×××

参加李诚毅的父亲的追悼会。晚有轻微地震。参加今甫茶会，有预备警报。完成文章。请假未到中法大学讲课。

16日　星期四　晴　×××

未进食。修改文章。

17日　星期五　晴　×××

休息。整夜呕吐。

18日　星期六　晴　×××

情绪殊恶。下午会见赵明德。诊胃病，需做胃液分析及X光检查。呕吐后不能成眠。

19日　星期日　晴　×××

上午有空袭，甚忧伤。

20日　星期一　晴　×××

竹　今甫　声华

来客甚多，疲惫不堪。

21日　星期二　晴　×××

感觉好些。参加崔书琴的午餐会，遇葛悟非。

22 日　星期三　晴

看赵大夫。有空袭,甚可怕。

23 日　星期四　晴

休息。

24 日　星期五　晴

有预备警报。

25 日　星期六　晴

看赵大夫不遇。参加正之的餐会,颇好。遇姚大夫。

26 日　星期日　晴

休息。试写《新颂》一文,未成。

27 日　星期一　晴

写《三祝报章文学》一文。

28 日　星期二　晴

佛西　方国定

上午阅预备班学生试卷。下午到云瑞中学演讲。晚参加罗庸的《陶渊明》的演讲会,3时顷始毕。

29 日　星期三　晴

蓬子　三弟　竹

参加清华评议会,午餐甚好。

30 日　星期四　晴

上午阅学生作业。下午讲课。

31 日　星期五　晴

乘船至叔玉家。倦甚。

1944年

朱自清日记·下（1942—1946）

1月

1日　星期六　晴　×

呕水。到太华寺看玉兰花和茶花。疲倦,写诗赠庆德。

2日　星期日　晴　×

上午呕水。归来。
参加唐绍骧(小黄)的茶会。早睡。

3日　星期一　晴　×

开始阅留美学生试卷,进展迟缓。下午绍谷来。桥戏。

4日　星期二　晴

上午核对薪金。阅卷。读《中原》《汉赋》《清宫廷剧》《汉默莱特》及《亚美尼亚民歌》等。端升在此过夜,畅谈甚欢。

5日　星期三　晴

上午备课,课后甚感疲劳。与杨小姐打桥牌,彼甚健谈,如演员然,令人毫无兴趣。

6日　星期四　雨　×
阅学生作业。

7日　星期五　阴　×
上午阅卷。参加预备班教授会并午餐。整晚打桥牌。

8日　星期六　晴　×
阅卷120份。伦威克教授讲课,题为《英诗概况》,要点如下:诗——词——语言——短语;词序不易改变;语音及韵律形成语调的抑扬顿挫,皆服从于诗的主旨;音调,重音——音质,长音,短音等——吟唱诗与朗诵诗,适合于演唱的民歌;具有音乐技巧的诗人不一定能写出有音乐节奏的诗歌;诗配乐曲比较困难;等等。
袁请我参加中英文化协会,从之。休斯主持今天的会。
下午购物。

9日　星期日　晴
上午阅卷,至下午阅完。晚携卷交今甫,未遇。与二弟共议莘田事,事后方知郁在二楼,颇悔。为正之作诗二首。

10日　星期一　晴
准备谢朓诗之讲稿。

11日　星期二　晴,有阵雨
选李白诗。下午开预备班教授会。

12日 星期三 晴

隐 调孚 圣陶 克雷西教授

访达元,请其女佣为我熨衣。理发。

13日 星期四 晴 ⊗

疲倦。工作进展迟缓。下午拟试题。

14日 星期五 晴

下午备课,傍晚购物。

15日 星期六 有雷鸣

读《正气日报》。

16日 星期日 晴

出城。访陈与钱太太,在钱家晚餐。夜回研究所,未能安眠。读集刊上文章,并从苏的著作中做摘记。迟睡。

17日 星期一 阴晴不定 ×

归来。举行考试。读《正气日报》。

18日 星期二 阴晴不定

上午取薪金。读美国《读者文摘》与《正气日报》。参加欢迎伦威克与克雷西两教授之茶会。江清指出我对诗的误解,颇窘。

19日 星期三 晴 ×

上午寄月薪给家。到开明,未遇卢。疲倦。下午张奚若来谈。

参加之椿的晚餐会，伦威克和今甫就艺术与生活问题进行讨论，菜佳。

20日　星期四　阴晴不定

来客甚多。请 T. T. 将学生分数单交学校。

阅中法大学试卷，两名学生不及格。

读 A. C. 沃德的《二十世纪的文学》序言。

伦威克教授在评论巴勒斯诗时认为有些人分不清诗韵与音调。Y. 张昨日谓美国文风江河日下，尤以年轻人为最。说明文学素养之退化为总趋势。现代中国亦有此种表现。彼对一般英国文化颇表赞扬。

21日　星期五　阴晴不定

今冬天气不佳，今早降霰。读沃德著作。昨下午听克瑞赛教授讲《航空时代之地略学》。前天，张奚若说有人作诗："满地如面又如粉，多少工夫磨得成。"此系模仿"洛阳三月花如锦，多少工夫织得成"而成者。

22日　星期六　晴

托人带回新蓝布长衫。

又读沃德书一段，并将书还吴宓。此书系 1941 年印行的第五版，伦威克教授携来者。

参加 Y. 张的茶会及 F. C. 赵的餐会。

读李长之为所译沃纳·马尔霍兹的《文艺史学与文艺科学》一书所写的序言。

23日　星期日　晴 ⊗

继续读《文艺史学与文艺科学》。参加赵鸣岐的晚餐会。参加张奚若的茶会。

24日　星期一　晴

读马尔霍兹著作。参加莫克夫妇晚餐会，甚丰美。

25日　星期二　晴

竹

今日旧历新年，午餐食饺子，晚餐甚丰盛。疲倦。

26日　星期三　晴

读马尔霍兹著作。参加达元餐会。饭后达元提议打牌，我拒绝之，颇不礼貌。

27日　星期四　阴晴不定

下午到研究所。为江清之冷淡及镇淮占了桌子而不快。但不久江清表示了关心，且镇淮移往他桌。

28日　星期五　阴晴不定

今日食过饱，生活颇无秩序。

29日　星期六　阴晴不定

上午闻太太招待吃软饼，但因面粉不好而未成功。赴陈梦家夫妇午餐会。遇钱临照及陈遵妫夫妇。下午自城内归。

30 日　星期日　阴晴不定　××

开始读 A．C．沃德所著《19 世纪 20 年代》一书。

31 日　星期一　暴雨

下午购物与访弗斋、正之,归来途中被雨打湿。

2月

1日　星期二　晴

继续读沃德的书。准备明天的讲稿。访莘田，商谈关于谢诗的印刷问题。访伯伦。

2日　星期三　晴

在预备班讲课，谈中国语言问题。读沃德的书。莘田请我吃烤饼。

3日　星期四　晴　×

读完沃德的书，甚有趣。参加卞之琳的晚餐会，住靛花巷同事赴会者甚多，但气氛颇疏远。袁太太亦在座。

4日　星期五　晴　⊗

在预备班讲课，听众比上星期三少。
读《精神分析》1935年第十五卷中三篇文章……
重读沃德的《19世纪20年代》。

5日　星期六　晴

开始写《谢灵运年谱》。读《精神分析》1936年卷16……

6日　星期日　晴

萧叔玉归。绍谷邀我午餐，菜好。席间与莘田、雪屏等谈些闲话。感到他们可能认为我在炫耀自己，故自我控制，少讲为妙。疲倦，老矣。

7日　星期一　晴

上午继续写《谢灵运年谱》。下午到乐乡食点心。岱孙去重庆。久盼隐信，今日竟得退信，岂家迁居耶？如此则薪金亦收不到矣。

8日　星期二　晴

抄《谢灵运年谱》。中午长睡。与江清探讨中文写作风格问题。备明日课。

9日　星期三　晴

竹

上午到预备班讲演。下午继续写《谢灵运年谱》。

10日　星期四　晴

抄《谢灵运年谱》与传记。

11日　星期五　晴

接采芷信，甚喜。写完《谢灵运年谱》。杜增瑞之病日益严重。

12日　星期六　晴

抄《谢灵运传》。访芷芬。购物。

13日　星期日　晴　×

竹　岱孙

写完《谢灵运传》及《南朝谢氏族系表》。

14日　星期一　晴

无创作。抄谢书序言。

15日　星期二　晴　×

到研究所借书，甚倦。晚听一多讲演《舞与诗》。事后到某茶室讨论，颇有趣。

16日　星期三　晴

参加已故陶教授追悼会。小韩做生动发言，讲述陶先生如何探索僰夷。

17日　星期四　晴

准备谢灵运诗之讲稿。为莘田访沈弗斋夫人，莘田之子要求增加英文分数。晚读《山居赋》。

18日　星期五　晴　×

注意饮食，切勿贪吃！讲谢灵运课时出错。甚感疲乏！罗问我是否愿接陶教授的课，拒绝之。晚间闲聊。

19日　星期六　晴

上午到国文系办公室，借得《谢康乐集》。晚写谢之诗、文目录。下午张奚若来此，述彼小孩患腹膜炎之经过。

20日　星期日　晴　××

读南史。Y．张来访，谈及他1912年被捕事。我们还谈及钱与周枚荪，他们对政治是悲观的。张进食节制，工作勤奋。

达元说找不到自己的手稿了。

21日　星期一　晴　×

到中法大学图书馆阅读参考材料。

22日　星期二　晴　⊗

竹　　岱孙　　王瑶

在中法大学图书馆阅读参考材料。

晚间写讲稿。

23日　星期三　晴　⊗

上午到中法大学图书馆阅读参考材料。下午开始中法大学之课程。邀莘田、之琳、广田晚餐。莘田攻击沈太太，对其子则未责备，又盛夸其女。晚写谢诗讲稿。

24日　星期四　晴　×××

准备谢灵运诗讲课稿。又失眠，须注意！

25日　星期五　晴　⊗

准备谢诗讲稿。晚休息。

26日　星期六　晴　⊗

准备谢诗讲稿。与叶先生赴宴，俨然如贵宾。

27日　星期日　晴　×××

写谢灵运诗注。上午高紫瑜来。下午进城，订《大公报》。上午又补裤子。竹来信，谓乔病。

28日　星期一　晴

为中法大学课，选杜甫、王维、孟浩然诗。

参加梅校长款待叶先生之餐会。

29日　星期二　晴　×

竹　建功　西陆　三弟　圣陶

上午到大学领薪，下午写信。晚听芝生《论风流》的讲演。起于晋人之风流，终于宋儒。风流之条件为玄心、妙赏、情深。大有卫玠"对叶茫茫"之感。

3月

1日　星期三　晴

仍贪吃。抄李白讲稿。晚间杨小姐来。叔玉被委命为中正大学校长。

2日　星期四　晴

读罗根泽之《魏晋文学批评史》,岱孙归来。

3日　星期五　晴

日常工作。Y.张与梅校长来访。梅与我们共进午餐。今晚本应多加一道菜,但继侗忘了订。梅校长走访了每一个人,可惜岱孙与继侗看电影回来时,他刚走不久。继侗对电影中的米尔弗夫人赞美不止,使我很反感,因为我很羡慕他们有此享受。我感到最近自己的心胸较狭窄,应该头脑开阔些。

4日　星期六　晴

上午写谢康乐诗注,到唐家花园看海棠花。开清华评议会。午餐席上失态。会后到裕大,又到大光明看《忠勇之家》,此为完整之演出。

5日　星期日　晴　⊗

抄谢诗注释。参加徐的宴会，叔玉为主宾。他8时半才姗姗来迟，惹得我们好不心焦。赴秉璧酒会。

6日　星期一　晴　⊗

昨晚梦醉致呕吐，心脏衰弱故也。准备谢诗讲稿。一樵来。

7日　星期二　晴　×

上午在中法大学图书馆搜集参考资料。

一樵访问庄先生与我，我们一起与之交谈。一多来访，谓吕宁将去主编《文学周刊》。

8日　星期三　晴　×

中英　志和　竹

昨日端升谓将移居，并说了些其他事情，未予传播，此第三次矣。今日又提出陈、李是否向我传闲话，余对前者微笑，而后者加以肯定。还有一例，传说将以我的屋子作餐室，这使我颇为难：沉默则痛苦，饶舌又可笑。为此，我宁肯倾向避免后者，避免与人谈及此事。

参加与叔玉告别的晚餐会。席间一樵谓昨日蒋先生和梅先生答复孔的问题，教授之生活费仅10000元。餐后和岱孙、继侗离去，访杨女士。不知叔玉邀请，只好致谢。

9日　星期四　晴

参加教授会，迎接H. H. 孔，他做了蹩脚而荒谬的发言。

参加浦与徐的宴会，席间罗与闻交谈，旁若无人，指桑骂槐式的批评，使我愤然。下午请假。

10 日　星期五　晴　⊗
应李广田邀晚餐。

11 日　星期六　晴
参加绍谷宴会。他盛情提出，可介绍妻去成都实业银行获得优厚贷款。
听董莲枝唱《黛玉悲秋》，声调颇好。

12 日　星期日　晴　×××
写谢诗讲稿。

13 日　星期一　晴
抄谢诗。贪吃！

14 日　星期二　晴　⊗
继续写谢诗注。下午在大学取得6000元，晚开始整理旧论文。

15 日　星期三　晴
下午参加学生生活指导委员会会议。郑华炽讲一事，说明青年人的自私性，给我印象很深。子卿今晚讲二谋杀案，甚可怕。

16 日　星期四　晴　××
写谢诗注。

17日　星期五　午前晴，午后阴

抄有关谢康乐的注释。

打桥牌，但心不在焉。

18日　星期六　阴晴不定　×

工作进展不大。参观季康画展，画不美。

19日　星期日　晴

抄谢康乐著作。

今晚阅读时思想不集中。

20日　星期一　晴

写谢诗讲稿。下午到预备班参加教务会议。在彼处晚餐，菜肴佳。

21日　星期二　晴

接国华信，告以汪先生胃病事，汪的胃病已穿孔，如不即动手术，则有生命危险。手术费1000元。他起初是呕吐与胃痉挛。读此信后，使我紧张不安。因几周来，我胃病亦有痉挛现象。不很严重，但必须去检查。

妻来信告知她与襄七夫妇谈判事。

22日　星期三　晴　⊗

隐

晚参加中国文学会译员话别会。莘田述平伯拟来昆明事。与一多谈。

23日　星期四　晴　×
准备谢诗讲稿。
岱孙刻薄地取笑我时，我几乎发火。
参加为房东举办的宴会，招待得很成功。

24日　星期五　晴　×
上午参加为欢送叔玉而举办的宴会。下午参加正之家举办的茶会。

25日　星期六　晴　⊗
抄谢诗。在谢君家打桥牌，饮咖啡。

26日　星期日　晴　×
昨晚睡得不好。写谢诗讲义。

27日　星期一　晴　××
校勘丁的《谢诗笺注》。情绪不佳。

28日　星期二　阴晴不定　⊗
抄殷石曜的《谢诗注》。

29日　星期三　晴　⊗
清晨沿绿湖散步。
抄一部分谢诗及注释。晚上自由讨论。

30 日　星期四　晴　⊗

准备谢诗讲义。晚再度自由讨论。

31 日　星期五　晴

上两小时课后,归来时疲倦已极。晚上自由讨论。

4 月

1日　星期六　雨　⊗

读《正气日报》及《时代》杂志。上午甚感疲倦。开始试行少食多餐。

2日　星期日　晴　×

将三餐食物分五顿吃,看来并不成功。但我将再试几天。

3日　星期一　晴　×

竹

上午拟《国语在创造中》一文之写作计划。下午修正《诗言志》一文。

4日　星期二　晴　×

修订《诗言志》。下午写信给 F. T. 。

5日　星期三　晴　⊗

昨晚看电影《月亮下落》,对话虽佳,但少戏剧性。整理《诗言志》一文。

6日　星期四　晴　×

上午备谢诗课。下午感到疲倦。早睡。感觉自己在争论中心胸狭窄，必须学会在争论中沉着冷静。

7日　星期五　晴　×

晚在崔书琴家打桥牌。甚疲倦。

8日　星期六　晴　××

整日读《时代》杂志。

9日　星期日　晴　××

上午到英国花园散步。读胡世华《人造的语言》一文，甚难理解。开始读《跛子》。早睡。

10日　星期一　晴　××

写短文《废话》。

11日　星期二　晴　××

继续写文章。

12日　星期三　晴

抄短文。

13日　星期四　晴　×

上午到中文系图书馆查参考书。晚张奚若来。

14日　星期五　晴
很忙。左眼发炎。

15日　星期六　晴
……选韩愈的诗。

16日　星期日　晴
下乡。找参考资料并搬床。

17日　星期一　晴
归来，疲甚。写谢诗讲稿。

18日　星期二　晴　×
写谢诗札记。在中法图书馆查阅一些书刊。参加莫君宴会。

19日　星期三　晴
准备谢灵运诗之讲稿。

20日　星期四　晴　○
上午在中法图书馆查阅书刊。准备谢诗讲稿。

21日　星期五　晴　⊗
准备谢灵运诗之讲稿。

22日　星期六　晴　×
绍谷邀莘田、雪屏、毅生与我去经济农场，在彼处午餐，甚好。我们参观庚的别墅，但只逗留片刻，归途中莘田谓，当别人差强人意时，我太屈尊求全了。但他未意识到他亦如此。

23日　星期日　晴　⊗

到圆通公园散步。下午访一多，并在开明买《中国文学史大纲》。

24日　星期一　晴

准备谢诗讲稿。去五华中学讲课。

25日　星期二　晴

修改《诗言志》一文。晚写信。

26日　星期三　晴，下午暴雨　⊗

竹　嘉椿　谈昌　征麟
修改《诗言志》。

27日　星期四　晴，下午骤雨　⊗

振珊　圣陶　颉刚　《正义报》
修改文章。

28日　星期五　晴，下午和晚上暴风雨

今晚休息。

29日　星期六　晴

修改《诗言志》一文。

30 日　星期日　晴

参加清华大学 33 周年校庆。蒋梦麟在讲话中一再说，西南联大是中国的民主堡垒。这是个勇敢的发言。今天约有 500 人团聚一堂，甚为欢乐。施请我们聚餐，遇霍尔茨上尉，是位作家。他与陈纳德上校合写一书，再版 4 次。他对中国的看法比较成熟与深刻，其他在华的外国人，则比较肤浅与乐观。

岱孙午餐时酩酊大醉。

5月

1日　星期一　阴晴不定

修改文章。下午到大学取月薪，找参考书，定做鞋一双。疲倦。

2日　星期二　晴

修改文章，进展迟缓。

下午访今甫，未晤，应与他相约。为岱孙去中央银行，花费40分钟。

3日　星期三　晴，不定　⊗

上午准备诗的讲稿。晚，继续修改文章。

4日　星期四　阴晴不定

今日休假，修改文章。

参加文学晚会，但学生为调整宿舍而闹口角，会议根本无法进行。今甫发火，莘田之女站在其父立场上也十分恼怒。一多被她弄得很尴尬。他们共同劝说学生和解，但一多的口气与莘田大不一样。当一多与我们一同去看望莘田并向他道歉时，他对此并不在意。

5日　星期五　阴晴不定　⊗

修改文章。

6日　星期六　晴

修改文章。下午访今甫与购物。去开明取版税。买回定做的鞋,不坏。

7日　星期日　晴　⊗

到司家营。午后在六索坡钱先生家见到姚嘉椿和蔼坤,情绪甚好。晚查阅参考书。

8日　星期一　晴

中午归来,与冯至先生一起设宴,请今甫、从文、之琳与王逊。读颜鲁公所作《颜勤礼碑》。此碑系1922年发现。

参加文学晚会,做关于散文的讲演。发言者10人,冯与李都讲得很好。我的讲话一点也不全面。一多讲文学遗产,语调激昂,但听众并不如想象中那么热烈。他的有些话似太过分。罗先生为会议主席,他的开场白很空洞。

9日　星期二　阴晴不定

修改文章。上午擦鞋,缝补。参加梅先生为今甫与陈序经话别而举行的晚餐会。

10日　星期三　晴

改完《诗言志》,但尚未做完脚注。访冯君培,并为星期一宴会付330元。归途中,一粗心的士兵将手榴弹掉在地上,致使爆炸，一女孩右臂受伤，我几乎不得幸免，手榴弹爆炸距我仅两码远。未见到胡毅的文章《论字块》，此文登在《中央日报》上，不太光彩，但很有趣。

11日　星期四　晴

继续改写文章。上午到中文系图书馆找参考资料。

12日　星期五　阴晴不定　⊗

忙于备课。文章一稿已成。准备谢诗讲稿。了一来，希望投稿。

13日　星期六　晴　×

上午去系图书馆。继续改文章。晚访萧并桥戏。

14日　星期日　晴

上午缝补衣服。下午与岱孙一起进城。晚修改完文章。

15日　星期一　晴　⊗

准备明晚讲稿。

16日　星期二　雨　×

上午准备今晚之讲稿。晚，听众仅30人。一多也在中法大学讲"庄子之思想背景"。

17日　星期三　晴　⊗

准备谢诗讲稿。

18日　星期四　晴　⊗

为一学生之态度而不快。参加明之的晚餐会。

19日　星期五　晴

开始酝酿短文《话中有鬼》。

20日　星期六　晴，有暴雨　⊗

上午开始写《话中有鬼》一文。下午到粤秀中学做《人和我》为题的演讲，学生听得懂，但讲得不够系统。应了一邀晚饭，并看电影《苏伊士》，颇有趣。归时已12时矣。

21日　星期日　阴　××

完成短文《话中有鬼》。昨未休息好，今晚昏昏欲睡，失眠。陈征麟小姐上午来访，她在裕滇棉纺厂任职。

22日　星期一　雨

读《中国古史的传说时代》，晚甚感疲倦。

23日　星期二　阴晴不定

继续读《中国古史的传说时代》，读完主要的部分。

24日　星期三　晴　××

整日忙于准备讲稿。晚与子卿、岱孙等闲谈，学生似有动乱迹象。

25日　星期四　晴　×

隐

上午读《文心雕龙》。一多来访，与我谈工作。

26日　星期五　晴　⊗

冯至

上午准备谢诗讲稿。晚继续准备。

27日　星期六　阴晴不定　××

准备谢诗讲稿。发现游珏抄袭彭仲铎的文章，欺骗读者，太不像话！读清常的《中国古代音乐》一文。

28日　星期日　雨

游珏

上午到中法图书馆抄录参考材料。下午至晚读完《中国古史的传说时代》。准备预备班之诗选。

29日　星期一　晴

上午准备谢诗讲稿。与企孙访萧太太。下午数起客人来访。送一只鞋去修。晚读徐中舒的《殷周之际史迹之检讨》。钱端升来访，他预言朱家骅将出任教育部长，陈立夫将任内务部长。

30日　星期二　晴　⊗

上午读《时代》两期，访奚若。下午修改文章。晚读程千帆所写关于韩诗的文章。

31日　星期三　晴　×

上午准备谢诗讲稿。下午很忙,开系务会,决定下学年开两门课:普通诗词与宋诗。

参加一多的餐会。

6月

1日　星期四　阴晴不定　⊗

上午改学生报告。晚改学生诗作。

2日　星期五　阴晴不定　×

读两篇有关文学与信仰之关系的文章。做《中国文学》札记。

3日　星期六　晴

读学生报告。准备下星期三晚上的讲稿。

4日　星期日　阴晴不定

竹　三弟　建功　孟实

昨天将帽子遗忘在教室里，今天拿回，很高兴。上午读报纸与周刊。下午写讲课提纲，谈抒情诗及文学的原则与技巧。晚上读美国《读者文摘》。奚若来访。

5日　星期一　雨

平伯　志岳

读《周末的音名和乐调》与《周末的乐器分类法》。读《联合周报》。

6日　星期二　阴晴不定　×

患支气管炎，感到疲劳。

开始写短文《论青年》，第一段太单调，第二段较好。上午读些周刊。

7日　星期三　晴

甚感疲倦。晚演讲。徐未在报纸上宣布，亦未邀晚餐。听众甚少，为此甚不快。

8日　星期四　阴晴不定

圣陶　陈以仁

继续写短文《论青年》，晚上完成草稿。完成文学批评的讲稿，失败之作。

9日　星期五　阴　⊗

准备完谢诗讲稿。晚完成《论青年》一文。

10日　星期六　雨　××

圣陶

读涤非的诗，寓意甚好，颇有陈后山诗的风味。阅学生报告与赵西陆写的《阮籍传》。此传写得不错，但未谈当时的政治背景，实为明智之举。研究大一中文参考书目。下午上街采购。莘田来访，他今夏将去大理编写地方志。铭维来访，借他《文学月刊》。

11日　星期日　晴　×

上午拟考题。下午读报。

12日　星期一　晴　⊗

阅报。访梅校长，要求一张订购机票之证明。在外用午餐，吃得不舒服。访郭毅庵。去中航公司拿申请书，但该处一青年职员谓须凭证明信，且态度生硬。其冷漠态度与毫无道理的章程实在令人厌恶。访莘田，告以此事。无时间工作。省兰今晨告诉我教育部将指派一调查员来对学生进行考核。

13日　星期二　雨　⊗

修改《赋比兴说》一文。

14日　星期三　晴　×

修改《比兴》一文。去中航公司拿申请书，承办人不在，一青年职员让我改日再去，幸好另一职员相助。

体重99磅（45千克）。

15日　星期四　晴　⊗

上午到中法大学找参考材料。下午向学校寄福利金。访绍谷，取介绍信。见喻砥之主任，就飞机票事商谈。

16日　星期五　晴　×

为编辑中国诗选而伤脑筋。下午参加预备班教师会议，决定把课程表延长到教育部代表来时再说。

17日　星期六　晴　✕
完成诗选。

18日　星期日　阴晴不定　⊗
下乡。忙于找参考材料。

19日　星期一　晴　✕
进城。修改文章。

20日　星期二　阴　✕
上午去中航公司。染白外套。修改文章。雪屏来访，谈及埃勒里·奎因的侦探小说。

21日　星期三　阴晴不定　✕
春帆　文珍　君培　了一
访莘田，交诗选。

22日　星期四　阴晴不定　⊗
善周
第四次去中航公司，仍然白跑。
采芷来信谓她一友人可为我安排乘运输机，但我怀疑能否成功。

23日　星期五　阴晴不定，晚有阵雨　⊗
上午读怀特的文章。接检查所信，申请书已获准。下午到中航公司，7月7日可到渝。访芷芬，修改正之文章。

24日　星期六　晴　⊗

东润　雨亭　临之

上午阅卷。下午参加正之茶会,粽子很好。端升自重庆归来。今日有二错:一是应避免听端升与岱孙谈其私事,他谈话时拐弯抹角,怕我听了外传;二是不应在奚若谈端升对华莱士看法时提出问题。

25日　星期日　晴

《联合周报》 黎创光

上午写信。参加沈学益的午餐会。下午到云大看华莱士之《侧影》。端升、正之等来,谈宪政研究会之华莱士欢迎会。端升对华氏欲自由听取意见而梅先生对此竟无察觉表示遗憾,而正之则为梅辩护,端升为此甚恼火。可能是由于继侗说了讽刺话或尖锐的话,致使端升认真起来。为此甚不快。我想,保持沉默是必要的。参加达元的晚餐会,遇沈刚如。吴太太赠竹以香粉。

26日　星期一　晴

翼孙　三弟

上午访绍谷。他告以如何将条幅卖给齐。不管这是否合乎礼仪,我还是很感激他。绍谷给我几张名片,以便我求人帮忙买机票时用。访士逸。去大学汇给妻1.5万元。将布送到裁缝处做衣服。晚打桥牌。

27日　星期二　晴　×

上午与从文共访绍谷,未遇。下午开始校正《新诗杂话》。

28 日　星期三　阴晴不定

上午与从文访绍谷。在冠生园遇桂炳炎,一起进餐后,他付款。核对《新诗注释》。

29 日　星期四　阴晴不定

修改《新诗杂话》。与从文一起参加绍谷的晚餐会,菜佳。

30 日　星期五　雨

修改《新诗杂话》注释。

7月

1日 星期六 雨 ×

竹

上午访查阜西先生，商谈去成都飞机事，取申请书，查先生照顾登记了名字，但谓时间不能确定，故尚未申请。继续修改《新诗杂话》。访闻一多，读《八教授颂》。

2日 星期日 雨

安排《新诗注释》手稿。读吴先生的《法国文学史》手稿。

3日 星期一 阴晴不定 ⊗

三弟 雨亭 阜西

上午见士选。下午至晚读完《法国文学史》。

4日 星期二 阴晴不定

读萧成安的论文《陶渊明》，有独到处。采购。拿回手稿。修改镇淮的文章。

5日 星期三 阴晴不定

公权 二弟 士选 圣陶 君培 志毅 七哥 文珍 编译

馆　家康　谢文通

读周一良文。写信。善周请晚饭。

6日　星期四　阴晴不定　×

早辞行,梅先生赠维生素片,与王先生分之,可感。下午考傅懋勉,不及格。到一多处晚餐,毓棠在座。

7日　星期五　阴晴不定　×

了一　一多

到航空公司,未买到机票,订不到座位的乘客很多,深感不平。读完《夜航》,有新意。访卞之琳。

8日　星期六　阴晴不定

竹　岱孙　一多　绍谷　龚振

买去重庆之机票。访俊生,他邀我共进早餐。2时半起飞。遇林先生。龚振(元凯)先生要求我带二信,晚8时前在重庆发出。4时45分抵重庆,耗时30分钟。遇慰堂,他看上去老多了。国华来访。

9日　星期日　晴

慰堂邀早饭。访翼孙,得介绍信。午餐后,访蓬子,交《新诗杂话》稿。下午见老舍,遇雪峰及韩侍桁。参加慰堂晚餐会。访士生。

10日　星期一　晴　×

去邮局。接到通知,谓13日可拿到车票。参加士生的午餐会,畅谈。访翼孙。参加蓬子的宴会。三弟回到训练班。

11日　星期二　晴

竹　枚荪

上午与逖生共访伯鹰，邀逖生午饭。和化成、晶清访秋原。

12日　星期三　晴

上午离机场住处，与慰堂一起参观图书馆。预订去成都的票，参加秋原午餐会，8道菜，席上大谈政治。

访威尔森，持其介绍信去重庆中航公司买票。遇颉刚夫妇，顾夫人颇健壮。参加慰堂宴会，遇冯竹声君，他对中国文学研究所颇有意见。

看六妹，送衣料给孩子们。

下榻于大新旅馆。

13日　星期四　晴　×××

三弟

上午出发。有乘客张某，甚讨厌。在永同午饭，甚不经济。晚宿于内江。昨晚失眠。

14日　星期五　晴　×

昨晚失眠。下午6时抵家。

15日　星期六　晴　×

邻居祁中矩夫妇邀在荣乐园午饭，菜佳。遇祁春山。采芷即在簇桥之家做家庭教师。访刘大夫、汝仪、志和、拾遗。情绪不佳。访圣陶及马季铭。

16日　星期日　阴晴不定
房君夫妇邀食冰激凌并午餐。与邱大夫、仇先生共打桥牌。

17日　星期一　晴
访马、余、林、廖夫妇、冯太太、张太太、雪舟、四姐及王先生。王伯涵先生对我毫不了解，且颇不礼貌。他是个老人，倚老卖老。妻早就劝我应征求张君意见，是否去拜访这位老者，我不听她的劝告，咎由自取，颇后悔。而且，张家的狗咬了我。

18日　星期二　晴
三弟　逖生　绍谷　慰堂　蓬子　秋原　翼孙　士生　岱孙　一多　圣陶

上午写信，下午寄信。

19日　星期三　阴晴不定
访念生、谢夕焕先生、李梦雄夫妇、饶孟侃与黄季陆先生，还访问了单太太、廖二哥与钟五伯。

20日　星期四　阴
访陈寅恪，他陪我往访侯宝璋。访蔡乐生。陈邀午饭。下午见侯，甚诚恳，彼谓余病为酸性。借得甲骨文之书籍。访胡源宣及徐中舒。

21日　星期五　午前晴，午后风雨

去公立医院访吴杰大夫，是林君介绍的。吴大夫认为我患的可能是胃溃疡。

访圣陶，与其家人共进午餐，菜平常。访守愚，三次遇雨。访程千帆，但找不到其住址，在一走廊下等待雨停，好不心焦。乘人力车去春熙路，在蒙蒙细雨中步行归来。

上午马大哥来访。

22日　星期六　阴晴不定　⊗

今日七妹生日。上午来客甚多。先有桂礼元夫妇及廖二姐，然后钟五婶亦来，述陶默庵于北平迷路故事。下午黄季陆与徐先生来，中舒、东珉亦来。应七妹邀晚餐。

23日　星期日　阴晴不定　⊗

到董家山见吴景伯夫妇，遇高、王梦瑶及一关某，谈话甚拘谨。

24日　星期一　阴晴不定

到公立医院受 X 光线透视。邱大夫疑余为胃溃疡。访陈述明。

25日　星期二　晴

访仲铭、叔湘、小缘与在宥。X 光透视检查。
读《死于四封信》。

26日　星期三　晴

颉刚　雨僧　克敬

上午访罗仲甫及廖旭章。邱大夫关照减收透视费。

27日　星期四　晴

去医院做胃部检查分析，耗3小时。读弗朗西斯·毕丁（Francis Beeding）的《死于四封信》。此书读来令人毛骨悚然，惊险有趣。迟睡。我尽量回避卷入家庭事务，但仍不禁受其干扰。假期里我在家应如客人一般，必须牢记此点。采芷、叔湘前来看望，未遇。

28日　星期五　阴晴不定

读完侦探小说。写《死于四封信》的摘要。给孩子们讲这个故事。

29日　星期六　晴

公权

上午读《万世师表》与《叶芝诗选》，下午采购。赴圣陶宴会，遇李晓舫及其夫人罗玉洁及杨人楩先生。

30日　星期日　晴

上午守愚来访，述黄季陆之好意等事。来客甚多。四妹亦来。晚自房先生处携小说归，并做桥戏。

31日　星期一　晴　⊗

兆枋　达元　江清　善周

写文章。

8月

1日　星期二　晴 ⊗

上午访吴大夫，询问诊查结果。又访阴大夫、刘大夫。将论文交与圣陶。遇程千帆夫妇、殷石曜及王楷元，在徐荫阁处遇公权、吴其玉及守愚。

2日　星期三　晴

久庵

上午访黄校长，访阴大夫，告以病情。访刘云波，在她那里午餐，妻亦同往。第一次注射组氨酸。再次责备孩子。与叔湘举办茶会，并与之长谈。

3日　星期四　晴 ⊗

昨日在宏济医院称得体重为42公斤。上午程千帆、华忱之来。访张景卿、韩景源。下午克敬来。

4日　星期五　晴

念生、文炳夫妇及梦雄夫妇来访。黄太太来访，并告以实验小学校长提出辞职的情况。

打针。去实验小学，并以长者姿态劝胡君勿走。

5日　星期六　晴

阜西

访叔湘，借小说。访寅恪、斠玄。看关山月所摹敦煌壁画。

6日　星期日　晴

孩子对我很冷淡，我想大概是我这个做父亲的对她太不关心了。我承认我过去对她有点苛求。然而，她对齐家那样热情，使我很伤心。当然，她只是个天真无邪的孩子而已。

打针，写信。参加冯先生的冰激凌晚会。

7日　星期一　阴

岱孙　楷元　圣陶　二弟

读《神秘及侦探小说选》，想为学生选点读物，然而这些东西太恐怖，问题甚多。

8日　星期二　阴晴不定

打针。访王楷元君，未晤。在街头遇铁夫及圣陶。应九婶之请，食甚多。归后知采芷下午回家。她昨下午自草桥来，明天就准备走，如此匆匆来去，使我很伤心。迟睡。

9日　星期三　阴　⊗

雨僧　达元

上午黄季陆来谈雨僧事。访大学生活社的邱荣海、阎锡庚，提出新诗、文言与贫病作家问题。下午中舒来谈齐鲁大学讲座问题。

10日　星期四　阴

上午看病。访程千帆夫妇未遇。读 E．C．本特雷的《特伦特的最后诉讼》。

11日　星期五　晴

忱之来。宾四赠美国《读者文摘》及《联合画报》。上午访王孟甫，谈战局。下午访叔湘。

12日　星期六　晴

公权　旭章　新闻处

打针。访守愚，遇赖彦于夫妇。访马季铭先生。在叶家午餐。访刘明扬，未遇。访殷石曜，他昨已去重庆。

上午访胡赞平，持其介绍信去航空公司，但二周内无飞机，只得待二周后再去登记。

与叶君夫妇同去看贾树三主演的《道情》，但他今日抱病，我们就去一茶馆畅谈。叶太太今天在公开场合露面很不寻常。

13日　星期日　晴

读完《特伦特的最后诉讼》。廖二哥、心录、心钰来访。傅正邦（斯立）亦来。

14日　星期一　晴

明扬　潘锡元　千帆

下午与孩子们玩得很高兴。唯一客人是刘医生，与我们同吃冰激凌，并看贾树三演出的《华容道》，演得很不错。还两本书给鲁先生。

15日　星期二　晴　⊗

写诗4首。晚给孩子讲故事。

16日　星期三　晴

把电影《慈母的心》的字幕抄在较好的纸上。访戚寿南大夫。他认为我的病是慢性胃炎。他说不清我体重锐减的原因。

访沈肃文和程千帆，均不在。在春熙坊采购。读美国《读者文摘》。

17日　星期四　晴　⊗

上午程千帆来赠书甚多。下午读美国《读者文摘》。访施君夫妇不遇。去中山公园。到国际厅参加余、吴的晚餐会，菜肴佳，但少谈话机会。见郭乃杰太太及提琴家费曼尔。

18日　星期五　晴　⊗

到公立医院购药，不慎使药损失。赵二娘来访，甚有趣。晚对蓉隽有责备的话。上午访郭子杰。

19日　星期六　晴

镇淮　王瑶　物华　岱孙　图书会　阜西　三弟

上午写信，下午读胡翔冬的诗。赴七嫂宴会。迟睡，倦甚。

20日　星期日　阴

今天庆贺志和生日，谈政局。访守愚。以联语赠刘大夫。

21日　星期一　晴

玉美

做《纪文达集》札记一整天。

22日　星期二　晴

莘田　士选　泽承

打针。刘大夫去昆明。到存仁医院看眼，未遇陈耀真，见孙大夫。确诊为沙眼。应守愚邀午餐。到航空公司，又未见到徐先生。读完《自怡斋诗》，其中虽有新句，然意境颇狭窄。

23日　星期三　晴

肃文　季明

饶子离与李华宗先生来访。饶君大谈道家之玄秘。读《甲申三百年祭》及孙科的《我们唯一的出路》。

24日　星期四　晴

访千帆，见沈尹默及林山腴之书法，在此午饭。见黄子庚。打算在学道街设八家古文选课。为与金的关系甚不快，但是这可以解释清楚。

25日　星期五　晴

王楷元先生来访，约我向其报纸投稿。完成《重庆行记》之第一段。读了几页桑顿·怀尔德（Thornton Wilder）所著的《圣卢斯雷桥》。

26 日　星期六　阴晴不定
了一
访翕庭夫妇，他们的孩子很美。翕庭将入高级班受训。屡降骤雨。体重45公斤。

27 日　星期日　阴晴不定
访钟立贤先生未晤。请五伯、五婶转告他为我配药。理发。应方先生夫妇之请，出席他们为4个美国客人所设的茶会、酒宴，菜肴精美。方君过去曾为这几位美国人工作过。此外，还来了3位美国军士，他们都很想家，对中国毫无兴趣，都希望愈早回家愈好。他们甚至表示宁愿到沙漠里去也比在这里好。其中一人谓很难说日本人什么时候会崩溃。
与楚医生玩桥牌。开始写《重庆行记》第二段。

28 日　星期一　晴　⊗
注意控制食量。到中央公司见徐颂平先生，买票颇难。与胡赞平谈飞机票问题。在四姐处午餐，甚佳。

29 日　星期二　阴
访守愚与陈耀真大夫，但他从今天起休息4日。访马季明先生，在彼处遇马叔平君。前者待我甚殷，并允代购去昆明的票。

30 日　星期三　晴　⊗
继续写《外东消夏录》。昨遇平三育先生。

31日　星期四　晴

在"颐之时"餐厅参加刘迺桐和张有龄为周君梅先生所设的宴会,菜肴甚美。带《外东消夏录》手稿拟给王君,未遇。

9月

1日 星期五 阴

梅校长　一多　莘田　三弟　达元　翁庭　王瑶

上午写信。下午读完《大公报》记者写的《西北纪行》。参加七嫂和七妹的晚餐会。

2日 星期六 阴

岱孙　千帆　松元

去邮局访蒋葆和先生,但他已去乐山,一周后归来。持开明的介绍信去中央航空公司,该公司职员谓须有经理的印章方接受;无奈,回开明请金世泽先生盖印,再到航空公司,遇该公司空运稽查处的潘锷君,他知道我的名字,颇热情,建议我找其主任田志伟,照办之。田谓此乃小事一桩,带我拿了订机票的申请书。

访黄星桥夫妇,黄先生外出,而黄太太在家,但她不愿见我。我离开她家5分钟后,见渠乘人力车外出。在饭馆午餐,胃又不适。

3日 星期日 阴 ⊗×

上午与孩子一起看新闻图片展览会。试用戚院长开的胃药。郑沙梅、王绍清(高风)来访。了一、楷元在此午饭。与郑谈川剧，与王谈王建墓之发掘经过。中舒来访，约定明日共进午餐。据说腹内如生疮，以皂角刺为药甚有效。

4日　星期一　阴

写《重庆行记》。

参加中舒的午餐会，遇王抚五与吴廷璆先生。读《内科全书》中有关胃病的章节。午餐会菜肴甚佳，尤以墩鸡为最。

访李华宗夫妇。李太太托我选几篇她写的短文发表。接查阜西信。读《大学生活》上一段采访我的报道。8位女生来访。

5日　星期二　阴

上午继续写《重庆行记》。晚读桑顿·怀尔德的《圣卢斯雷桥》。隐情绪甚好。访冯士英，述印度食品故事。

6日　星期三　晴　⊗

莘田

继续写《衣》一文。下午到布浚街新巷子29号周企何家参加郑沙梅的茶会。在此遇贺直斧、应云卫、陈白尘、王云阶、吴先爱、萧楷成、周慕莲、鹤卿等，谈《红梅记》，然后去悦来茶园看剧。途中与周谈，吴是主人。周认为其太太（鹤卿）演出虽美，而《红梅阁》则不甚成功。上午叔湘来谈中国文字问题。取7000元。

7日　星期四　阴

完成短文《重庆行记》。徐中舒君来访，通知我下午3时前去捧琴台，在彼遇冯汉骥，他陪同去王建墓。该墓之棺柩底座及周围之塑像颇有价值。墓道内有壁画，蓝色拱顶，朱红墙壁，甚为壮丽。棺柩上有4层保护漆，6名武士卫护柩墓。伴葬品有乐队俑、青铜铃仆俑、幞头、哀册等53件。听说该墓发掘时引起不少纠纷。永陵地点至今仍是个谜。

访沙梅，在春熙路遇徐霞村。

8日　星期五　晴
孝锜　了一　忱之
上午李效民来。书追悼赵学海先生联语三副：
建国致深谋三日何负摧俊杰，
同城悭一面四年风雨忆清华；
学业溯渊源有味公门作桃李，
生涯共朝夕伤心此屋隔山河；
与德为邻悉居同志，
建国大业又少一人。
读孙次舟之《屈原是"文学弄臣"的发疑》，相当圆满。

9日　星期六　阴
达元　述民
去航空公司，经理谓拟帮余购一张机票。
访胡君，因昨半夜发警报，他尚未起床。访吴先忧、守愚与志和。琏髳给我5磅黄油，在彼处午餐。访叶君。王楷元送来几份《新民报》。我的短文被删去一段并做了修改。倦甚。体重未增。

10日　星期日　阴

参加赵学海君追悼会。好挽联甚少。仪式颇隆重。下午访蔡乐生,商定演讲会的时间及题目。疲倦。

11日　星期一　阴

注册组　雨僧　阜西　潘锷　岱孙　一多
读《花萼》与叶之手稿。

12日　星期二　阴晴不定

为《叶氏兄弟汇集》写序。

13日　星期三　阴晴不定

核对为《中文教学》写的稿子。
考锳、翕庭、岱孙、江清、兆祊、忱之来访。

14日　星期四　晴

上午准备讲稿。开始读《甲骨学商史编》。下午访沈镜如,见到孙次舟,并遇张永昌,甚亲切。应蔡乐生邀在美佳美餐厅晚饭。

15日　星期五　晴

读完《圣卢斯雷桥》。

16日　星期六　雨

国华
去稽查所。晚观《黑天鹅》,演得很好。去中央航空公司交申请书。访叶太太,将《诗言志辨》与《国文教学》的手稿及为叶书所作之序交给她。

访季明。赴李君夫妇午餐会。李领错了路,我们在泥泞小路上碰到不少麻烦,他很为难。

17日　星期日　雨　×

徐颂平

访凌楚屿、幺妹、李方训、李晓舫、罗又君。罗引见沈福文、庞薰琹。看拳术。体重46.5公斤。

18日　星期一　晴

赋诗祝贺廖辉如先生六十寿辰。诗曰：
少年有壮志,浮海习奇工。
绩学传薪盛,长才触类通。
结交曾子义,排难鲁连风。
花甲中秋近,更欣兰桂崇。
去廖家祝贺,在彼处用餐,食逾量。

19日　星期二　晴　⊗

读《甲骨学商史编》,做笔记。

20日　星期三　晴

读《达洛伊夫人》。胡太太、赞平下午1时半来访,谓运输机有一空位,必须在半小时内赶去把机票弄到手。谢绝之,不无懊恼,心烦意乱。

访胡、张、于夫妇与叶太太。访韩先生并归还书籍。晚间准备行装。二燕大学生来访。

21日　星期四　晴

访胡先生。到中央航空公司。航委会谓将有飞机。于是再携行李到公司，又听说没有飞机了。参加李华宗夫妇午餐会，甚为愉快。访中舒、汪、张、刘。

22日　星期五　阴　×

中央昆　慰堂　颉刚　钦立　玉君　潘伯鹰

为秦等写三副对联。读《饮河集》。参加张君夫妇餐会，是个愉快的聚会，菜肴佳美。客人们都很风趣。

阅几份报纸上关于当前时局的评论。周的讲话透露了报刊及文件中删去的8条。

去燕大讲课，未经很好准备。主要观点未展开来讲，有些观点甚至未提出。三天来心绪不宁，特别是今晚心情更不好，而且时间也重新安排了（晚7时至8时）。我到礼堂时学生们已经等着，此外，又停电，我看不见听众。故我认为，这次讲课是失败的。搭志和的汽车归。

23日　星期六　阴　⊗

参观四川美术协会供应部。读《达洛伊夫人》。妻作画。读《珍庐诗钞》。陈北海来访。

24日　星期日　阴晴不定，阴

李太太（罗玉君）与叔湘来访。叔湘告以他在华大的情况。拾遗来访。于君夫妇携二大孩子来访。玩桥牌。

思俞已发烧两日。

25日　星期一　阴

上午单老太太来。南克敬来。下午访吴景伯、徐霞村。晚七嫂来谈。余夫人赠1万元。

26日　星期二　阴

去航空公司，经理说航委会分配机票名额，通常在晚上公布。他问胡先生，可否在晚上通知他们。我说我将在城内找一新的住处，而事实上我不抱希望。归后立即找单传渊，他陪我去登记，预付1500元。妻不同意我的计划。

访胡先生，他从韩树声君处拿到2000元，全数给其兄弟。接陈述明君信。

参加殷孟伦先生宴会。席间有庞俊人、赵绍韩与程千帆夫妇。晚敌轰炸机来袭。

汝仪下榻于此。倦甚。暴雨通宵达旦。

27日　星期三　晴

晨到牛市口取车票。中央公司改变地址。下午与采芷、思俞、蓉隽话别。将行李送七妹家。访胡先生。晚凌五弟得中央公司消息，明日将有飞机去昆明及重庆，决定乘此机走。失眠。

28日　星期四　晴

6时前动身去航空公司，向林君致谢。得到了去重庆的机票。在九龙坡着陆，抵中央图书馆。慰堂款待刘衍淮先生和我。

写信。遇三弟，他将去外地。

29日　星期五　雨

胡赞平　岱孙　竹等

访化成，遇刘尊祺夫妇及戴叔瑶。访吴士选。遇公超，与谈。遇彭乐善、程希孟。空袭警报。

30日　星期六　阴雨

订明日机票。访秋原未晤。赋诗三首。赴刘尊祺餐会，遇伏园及高临渡。与三弟长谈。访士生。

10月

1日　星期日　阴

晨7时起床。昨夜失眠。10时抵昆明。与邵心恒共谈。访达元、一多。晚迟眠。

2日　星期一　雨

上午整理衣物。二学生访李先生，谈东西方战线。

3日　星期二　晴　×

竹　尊祺

上午讲演。下午至晚听端升讲重庆新闻。镇淮、王瑶来。桥戏。

4日　星期三　晴

访绍谷、阜西与萧斋。兑支票6万元。准备去五华的讲课稿。交佩苇2万元。

5日　星期四　晴　×

开始到五华讲课。访膺中，在此午饭，但无菜。另吃一次午饭。下午开清华教授会。韩克平交来2万元。

6日　星期五　晴

寄妻4万元。晚玩桥牌。

7日　星期六　晴　×

孟真　赞平　竹　守和

去研究所，甚忙。访查阜西谈中央公司问题。在此晚饭，迟眠。

8日　星期日　阴晴不定　××

上午很忙。赴冠英午餐会，菜肴甚美。归来倦甚，呕水。

9日　星期一　晴

楚与　汝仪　慰堂　介眉

上午讲课。与王年芳君谈业务。下午访梅校长，将申请红十字会补助费之申请书交给他。

写信。倦极。

10日　星期二　晴

志和　七嫂　明扬　石曜　云波　圣陶　中英　叔湘　建民　三弟　中舒　华宗

写信。参加龙荪的晚餐会。疲倦。

11日　星期三　阴晴不定

守和　千帆　竹

应镇淮及王瑶邀宴暇娱楼。迟眠。

12日　星期四　阴晴不定　×

买药。下午开校务会议,菜颇平常。一多来谈一商人欲给他月薪1万元的问题,同意之。

13日　星期五　雨

上午买药。参加了一宴会。遇钱沧硕先生。

14日　星期六　晴

读有关陆游的参考资料。整个下午采购。晚上打桥牌。

15日　星期日　晴

袁成源　李健吾　竹　采芷　千帆　子芯

端升邀早饭。两名学生来,要求我在星期四晚鲁迅先生纪念会上演讲。定题目为《鲁迅先生的风格》,旋欲改为《鲁迅先生对写作的态度》。访贺天枢。

16日　星期一　晴

准备宋诗讲稿。

17日　星期二　晴

准备宋诗讲稿。奚若来,述端升之事件。

18日　星期三　阴晴不定

查阅《鲁迅全集》。今晚不能工作。

19日　星期四　晴

准备晚间的讲稿,参加鲁迅纪念晚会之听众甚多。

20日　星期五　晴

今天休息。

21日　星期六　晴

写《新诗杂谈》序。晚在徐家。

22日　星期日　晴

继续写序言。来访者甚多。下午与清君一同外出,但很快在十字路口分手。晚食逾量。

23日　星期一　晴　⊗

写成《新诗杂谈》序。晚到青云社寄售书籍。下肢肿胀。准备宋诗讲稿。

24日　星期二　晴

准备陆诗讲稿。修改4份学生作文。腿仍肿胀。

25日　星期三　晴

修改学生作文。晚桥戏。

26日　星期四　晴

上午采购。访绍谷。参加全体教职员工会议。蒋在谈招生工作时,严厉地指责政府。雪屏直截了当地做了回答。燕召亭亦如此，他还讲了个故事，说明我国人民自发的义愤。

准备陆游诗讲稿。

27 日　星期五　晴

竹　蓬子　雪峰

镇淮赠布，受其半。写信。下午修改演说稿。

28 日　星期六　阴

开始写《国文教学》序言。T. S. 钱下午来访，赠室内诸君食品若干。他欲取回他的炊具，我想帮他从厨房拿出来，但认不出哪些是他的，后来岱孙去拿给他。钱对我，特别是对岱孙表示歉意，但说着就走了嘴。

29 日　星期日　晴

了一

来客甚多。文章尚未写成。晚无灯。萧太太述杨秀鹤生活事。

30 日　星期一　上午暴雨，下午阴晴不定

修改吴的《法国文学史》序言。开评议会。9 时归来，但未工作。连续四夜做些不相干的梦，是消化不良的症状。

31 日　星期二　晴　⊗

昨夜做梦甚多。参加芝生的午宴，与莘田、一多、膺中谈系里事。膺中允任系主任之职。多食，早眠。

11月

1日　星期三　晴

完成《国文教学》序言。傅彬然君下午来访。有关史迪威不回国的消息传来。岱孙告我钱、周间的争论。

迟睡。疲倦并呕水。

拒绝《扫荡报》之邀请。

2日　星期四　晴

完成五华校歌：

邈哉五华经正，流风余韵悠长，问谁承先启后？青年人当仁不让。还我大好河山，四千年祖国重光，责在吾人肩上。千里英才，荟萃一堂；春风化雨，弦诵未央，坚忍和爱，南方之强。五华万寿无疆！

下午开清华评议会。晚早眠。萧成资来。

3日　星期五　晴

购烟草。参加为莘田所设午餐会。骏斋邀看电影，不错。约许去友联餐厅饮咖啡二杯。

准备陆诗讲稿。

4日　星期六　阴晴不定

上午到开明访傅彬然。将培源手稿交卢先生。下午参加奚若茶会。参加绍谷晚餐会。陈态度颇冷淡，宜引起注意。

5日　星期日　晴

在乐乡饭店早餐，主宾系钱君夫妇。

参加中文系迎新、送别会。罗膺中在发言中藐视了一，后者回敬之。学生们建议与会者即席为莘田作一告别辞，每人一句，非常有趣。

F．T．带了许多新闻归。梅校长带来阿克森的文章，观点辛辣而鲜明。

6日　星期一　晴

上午写信。下午参加范宁的初试委员会，成绩不很好，但及格。毓棠、江清邀晚餐。

7日　星期二　晴

竹　圣陶

改学生作文。

8日　星期三　晴

怀疑肠道是否出血。到东月楼做客，参加罗君的欢送会，甚有趣。改作文。

9日　星期四　晴

准备陆诗讲稿。

参加为 F. T. 陈与罗君所设宴会，与会者每人摊 1600 元。

10 日　星期五　晴
读《读者文摘》《时代》及《生活》杂志。

11 日　星期六　晴
读《生活》杂志。

12 日　星期日　晴
上午访金七哥，不遇。读《生活》杂志。

13 日　星期一　晴
参加黄子坚的午餐会。为莘田送行。大家谈及为高中编辑注释文选事。遇襄七及其同事，与他们一同饮茶。食逾量，胃疼。

14 日　星期二　晴　⊗
访赵明德医生，谈肠出血问题。称得体重 55 公斤。译文章。贺天枢来。

15 日　星期三　晴
午餐与晚餐已足，下午不应加餐。晚上无电。

16 日　星期四　晴　×
在航空公司称得体重 110 磅。到邮局取书。参加正之及张大煜晚餐会，遇王嵩白先生。

17日　星期五　晴

乔治来访，畅谈至晚餐时，偕访一多。囊中所剩无几，邀其晚餐，显非明智之举。去一小餐馆，进餐时颇虑饭资，食毕乔治付了半数，使我颇感惭愧。一多偕其妻去龙头村休息。

18日　星期六　阴晴不定　×

译完《灵魂工程师》一文。近来均未得午睡。

19日　星期日　晴

隐　廖旭章

参加襄七之午餐会，遇耿君夫妇。餐后玩桥牌。参加吴君晚宴。

20日　星期一　晴　⊗

应杨石先邀午餐。参加欢迎公超之晚宴及茶会。

21日　星期二　晴

改学生作文。

22日　星期三　晴

参加钦丰作的晚宴。

23日　星期四　晴

潘公展

今日乃余寿辰，邀江清食点心。晚餐后又安排一点心茶会。欣然。

24日　星期五　晴

昨晚睡眠不佳。读完郭沫若《古代研究的自我批判》。参加中文系会及校务会议，后者谈扩大军训计划问题。有预备警报。

25日　星期六　晴

参加北大同学会的全体会议。绍谷邀早餐。赴鸣歧之午餐会，遇史国衡夫妇及瞿同祖。食逾量。

26日　星期日　晴

参加任之恭先生之午宴。甚疲倦。

27日　星期一　晴

参加北大同学会举办欢送蒋校长之宴会。他讲话谈及北大之未来，强调"高瞻远瞩"和"虚怀若谷"。晚间读期刊。

28日　星期二　晴

杨秀鹤

晚，有警报。阅完五华中学学生试卷。

29日　星期三　晴

整晚晃晃荡荡，无所事事。

30日　星期四　晴

备宋诗课。至黄土坡访襄七，不遇。

12 月

1日 星期五 阴 ⊗
开校务会议,谈扩大军训问题。

2日 星期六 阴
读杂志。

3日 星期日 阴
读杂志。翻译一篇短文,但进展甚慢。

4日 星期一 晴
天甚寒冷,为此夜不成寐。完成译文。

5日 星期二 晴
下午开教授会,通过扩大军训计划,约140人参加。晚赴一多饺子宴。

6日 星期三 阴
改学生作文。

7日　星期四　阴

清华教授会下午开会。晚桥戏。

8日　星期五　阴

去研究所。上午准备宗白华论文之讲稿。在研究所读参考书。

9日　星期六　阴

下午归来。赴迟镜海所设宴会。有一张某为其师岱孙与企孙健康干杯。

10日　星期日　晴

上午江清邀看《大独裁者》。参加国文编辑会之午餐会，并定目录。江清关于外语系之意见甚宝贵。

11日　星期一　晴

在中文系一年级课堂上申斥二学生。准备范成大诗讲稿。给余中英写信。

12日　星期二　阴　×

准备范成大诗的讲稿。晚桥戏。

13日　星期三　晴

写完范诗讲稿。晚桥戏。

14日　星期四　晴　⊗

读《生活》杂志。须注意控制食量。桥戏。心绪不佳。

15日　星期五　晴

昨晚心绪不佳。今日读杂志。

16日　星期六　晴

写《诗言志辨》序。

17日　星期日　晴

几批客人来访。为余新书作序。中午未能入睡,有些昏昏沉沉。今晚室内仅余独自一人。

读《时代》与《新闻周刊》。

18日　星期一　晴

写成《诗言志辨》序。桥戏。读《时代》。

19日　星期二　阴

今日奇冷。读范石湖著作。芝生来,谈及彼与蒋介石之谈话,谓蒋知道知识青年问题;并谓他与夫人急于赶回老家探望母病。

20日　星期三　阴

读《生活》。晚桥戏。江清自一多处携来讨论屈原问题之文章。读之甚好。

21日　星期四　晴

上午一多来访,我刚走几分钟,故未晤。同室人谓钱宾四之女友与他在一起,对其胃病妥加照料。

访钱沧硕、一多与芷芬,未遇后两者。浏览一些材料。拉预备警报。

22日　星期五　晴
翻译文章。

23日　星期六　晴
翻译短文《如何与你所爱的人们相处》，晚间完成。

24日　星期日　晴
上午至乐乡早餐。送译文至了一处不遇。翻译《男子的最佳年龄》一文。

25日　星期一　晴
完成译稿。

26日　星期二　晴
邀江清至兴宝源晚餐，菜平常。江清谈诗词之人称及生、旦、词等问题。奚若述护国军故事，甚有趣。

27日　星期三　晴
改学生作文。

28日　星期四　晴
应吴君邀晚餐。

29日　星期五　晴

下午开系务会议。霍君邀晚餐，饭后桥戏。

30日　星期六　晴

读完多罗西·帕克的诗，颇有趣。

31日　星期日　晴

竹

下午参加款待房东之宴会，迟到。玩麻将牌至凌晨五点半钟。

1945 年

朱自清日记・下 (1942—1946)

1月

1日 星期一 晴

下午归来,疲倦。读学生之报告。

2日 星期二 晴

翻阅书籍、杂志。陈朱纶君与樊星南君来访。疲劳仍不得恢复。晚间读杂志。

3日 星期三 晴

感冒。进城购灯泡,未购得。开校务会议。

4日 星期四 晴

患重感冒。读镇淮论文,与其说是篇学术研究论文,不如说是一篇辩论性作品。

清华评议委员会下午开会。

5日 星期五 晴

罹病,体温 39℃。休息。因此未参加何应钦在西仓坡举行之晚宴。

6日　星期六　晴

上午休息。参加五华中学"说林社"举办之朗诵会,无特别好之节目。

在南国酒家参加罗建业夫妇宴会,菜甚好。下午饮浓咖啡一杯,不知系清所煮,以为是一般咖啡,后在南国又饮茶二杯,未考虑这些强烈饮料对睡眠之后果,通宵失眠,颇苦之。只得听室内闲聊,主题系国际政治、和平与第三次世界大战。我们似逃脱不了悲观之命运。清担心美苏迟早会发生战争。

7日　星期日　阴,晚骤雨

早景超来,风趣如昔,仍很年轻。下午考试。疲倦。在厚德福举行欢迎景超之晚宴,宴后酣醉大睡。

8日　星期一　晴

王贯之来访,谈及云大附中学生们情况,他对付学生们抵制考试的策略很有趣。

9日　星期二　晴

上午读罗伯特·梅尔韦尔所写《毕加索艺术中双头形象的演变》(载《地平线》杂志卷6,35号,1942年11月),得到一些关于现代绘画的知识。下午填写一份申请表。

卞之琳先生来访。赴梅校长宴会。食查克君之果馅饼,不及F.T.从河南带回之有味。邀秦、王君参加梅校长宴会,其窄狭心胸令余不快,特别是王君。

10日　星期三　晴　×

竹　彬然　圣陶　教育部　王冶秋　千帆

上午至下午写信。晚修改学生报告。

11日　星期四　晴

改学生作文与阅试卷。桥戏。

12日　星期五　晴

上午打碎热水壶,至五华主持考试。下午阅完试卷。晚桥戏。饮麦乳精。得知赵守冕去世。

13日　星期六　晴

毕列爵　梅先生

将学生成绩交注册处,并将申请书交梅校长。读《父与子》中译本。桥戏。

14日　星期日　晴

读完《父与子》,翻译似不通达。F.T.及金谓近代小说较古代小说更有趣,甚有道理。

15日　星期一　阴

读朱东润的《中国文学批评概论》,进度甚慢。读野间清治的《世间杂话》。

16日　星期二　阴

千帆

继续读《中国文学批评概论》,再看一遍"言词之情味"部分。桥戏。食蛋糕。

17日　星期三　上午阴,下午晴

读《中国文学批评概论》与日文。桥戏。停电。听浦讲述其恋爱与结婚经过。

18日　星期四　晴　⊗

读多罗西·帕克的《大锌矿》《电话》《生活标准》。小说、特写《电话》尤为有趣。下午进城访绍谷。晚桥戏。梅校长的茶话会商谈补助金问题,余未参加,赵访熊在会上发言,主张平均分配。绍谷告诉我李吴祯死的经过。自冯焕章处接受节约献金2万元。

19日　星期五　晴

一多　成贤　冠英　桂蕊　三弟　从文　蓬子　雪峰

上午至大学。寄妻2.5万元。访守愚与耿钰,未晤。

体重116磅。脱去长袍112磅。我想应是108磅。自去年9月末以来,增4.5磅。聚餐费1000元。又复贪食!晚间读杂志。在茶馆遇王克勤。褴褛如乞丐,但气色很好。

20日　星期六　晴

之恭　蓬子

上午一多来商谈季镇淮之论文问题,告以此文过于简单,不够系统,不能通过考试。彼同意此意见。下午桂柄炎来,彼经樊君介绍来谋职业。又继侗介绍一名联大学生,要求为到机关工作而保证,因与该生素不相识,乃拒绝。读完《中国文学批评概论》。

21日　星期日　晴

教育部　竹　蓬子

下午赴潘光旦的宴会。主东夫妇殷勤好客。虽食逾量但颇愉快。

22日　星期一　晴

昨夜做噩梦。读《生活》。至大学询问教育部寄书事,仅得一册。参加钱太太晚宴,菜佳。多食,致不能入睡。将布交与服装店。

23日　星期二　晴　⊗ ⊗

昨夜未能安眠。读罗根泽的《中国文学批评史》,阅毕第一册。

24日　星期三　晴　⊗

了一　西陆　闰生　效武　竹　审议会　汝仪　季明

读罗根泽《魏晋南北朝文学批评史》。下午二弟来。文藻来信告逖生事始末,甚激烈。立即写信给闰生、效武。晚访广田,带回书7册,并做长谈。

25日　星期四　晴

买药,并定购赠江清兄弟之贺幛。读《生活》一日。接国华信,谓对叙永全无兴趣。彼谓余假日太枯燥,必须将余之日程安排得紧凑些。

26日　星期五　晴　⊗

读《中国文学批评史》。下午进城。参加了一晚餐会。今日为其孩子生日,来客甚无趣。餐后打桥牌。

27日　星期六　晴　⊗

昨夜饮茶过多而未能安眠,仍未能节制饮食。

读《生活》与《魏晋南北朝文学批评史》,读完后者。

上午领薪水与补助费,交物华3万元作为永周家庭生活费。寄振铎2万元。

我对工作似乏热情,须振奋。

28日　星期日　晴　×

上午洗毛巾后参加浦江澜婚礼。其地在止园,梅花盛开。下午买裤子一条,价9000元。晚缝纫。

29日　星期一　晴

了一

上午缝缝洗洗。下午购烟草,被一商人取笑。下午读《时代》与《绅士》杂志。上午薛诚之来访,赠其诗作抄本。

30日　星期二　晴　⊗ ⊗

忱之

上午取衣服。仲邑来并赠礼物。借《国文月刊》及《世说新语》之讲稿。下午一客人访岱孙，岱孙尚未午睡，我告以我已睡过。事后思之，甚失礼。明之来，打桥牌。修理裤子。向达元赠礼物。晚重读达文波特之《我的故乡》。读彭桂萼及薛诚之的诗。下午刘焕生来。

31日　星期三　晴　⊗

为改做新购之法兰绒裤子而不快，我对裁缝讲话太低声下气。开始译达文波特所著《我的故乡》。

参加雷君为贝克夫妇所设之宴会。贝克夫人貌甚美，嗓音低沉。归来后浏览群书。

2月

1日　星期四　晴

上午读《生活》所载约翰斯顿（Johnston）的文章《访问俄国》。继续翻译《我的故乡》。下午开教授会，听一位潘先生谈关于驻印军队的报告，颇有趣。晚桥戏。

2日　星期五　晴

翻译《我的故乡》。参加了一宴会。参观永兴学校后之难民棚。食逾量。

3日　星期六　晴　×

继续翻译《我的故乡》，然后开始写文章。晚桥戏。

4日　星期日　晴　××

在金震路看从史迪威公路上来的运输车队，很拥挤。人们燃放鞭炮表示欢迎，然实际上没有什么可看的，只不过表示热情而已。

在红叶酒家参加耿钰之午宴，几道菜甚精美。

下午应唐庆永夫妇之邀，至其家跳舞与桥戏，并进晚餐。跳舞颇尽兴，但很累。今日虽进食不多，然胃不适，归途呕水。恐系饮咖啡二杯所致。至唐家遇翟君夫妇,翟妻甚美。

5日　星期一　晴　⊗
薛诚之　傅彬然　潘锷

做事颇少。邀正怀在复兴园晚饭。到开明取版税。江清来,情绪颇好。

6日　星期二　晴　⊗
同室人约温特来玩,我适外出。

译完《我的故乡》。下午至晚桥戏。

7日　星期三　晴　⊗××
寒冷。看了温特的《军用床和军用蚊帐》与《卡萨布兰卡》。

8日　星期四　清晨降雪片刻,白天大部时间有冰雹
今日极冷。抄帕克(Parker)诗,并试译之。

9日　星期五　阴晴不定,晚降雪
晋三

译帕克诗。晚黄亚天来邀参加除夕晚餐会,不胜感激。桥戏。

10日　星期六　阴晴不定,降雹
昨夜失眠,原因不明,可能阅、译帕克诗所致,难度颇大,但终于完成。

赴庄君夫妇宴会,菜很好。

11日　星期日　阴晴不定

下午访梦琴及绍谷,赠绍谷绘画三幅。参加建元晚宴,菜佳。

12日　星期一　阴晴不定

借予子卿6册诗集。至襄七家,遇数青年。便宴很好。清夫妇招待柠檬汁与夹心糖,但未打开我送的礼物。餐后跳舞。我邀请女士们跳舞时很紧张,但还是跳了三次,最后一次是华尔兹音乐伴奏的狐步。男士们于跳舞似兴趣不大,他们玩扑克,而让女士们玩麻将。

胃部感到寒冷不适,夜间坐在那里,不能入睡。

13日　星期二　阴晴不定　×××

早归来甚疲倦。下午看新宿舍。赠一多礼物。晚餐甚精美。

14日　星期三　雨　×

整日漫无目的地浏览各种读物,其中一篇文章谈到罗素和达尔文的讲话,并说普通人的讲话速度平均每分钟170字。晚桥戏。

15日　星期四　阴　×

完成文章《常识的诗》。读《隋唐文学批评史》。下午黄亚天来邀星期六共晚餐。

16日　星期五　晴

读《隋唐文学批评史》数页。

郭毅庵君与骏斋来访。萧庆云、岱孙、萧叔玉夫妇来访。曾铎来访。赴鸣歧宴会。访耿钰夫妇。

17 日　星期六　晴　✗

钱太太邀早餐。将《常识的诗》一文交林抡元。读《隋唐文学批评史》。在连元处打麻将，颇有趣。应黄万杰邀晚餐。甚倦。

18 日　星期日　晴　✗

读完《隋唐文学批评史》。晚间萧成资来访。冯至先生下午来访。考试。

19 日　星期一　晴

开始讲课。访君培，借得《延安一日》并读完。君培希望继侗照顾居亭的孩子进先修班。对此我仅答以视成绩再说。

20 日　星期二　晴　⊗

竹　常君实

计划如何做好日常工作。读《S. R. L》。中午呼呼大睡。下午采购。

21 日　星期三　晴　⊗

开始译《依然照旧》。晚读《民族》《S. R. L》及《哈波斯》杂志。《民族》杂志上对"仅仅是一篇侦探小说"的评论颇有趣。《哈波斯》杂志上哈特雷·格拉顿的《向文化界致敬》一文亦佳。

22 日　星期四　晴

读《读者文摘》上威廉·怀特有关苏联之报告，甚有趣，但颇辛辣。读《时代》上《西线》一文。

继续翻译。又复消化不良。

23日　星期五　晴
继续翻译《依然照旧》，至晚完成。

24日　星期六　晴
雪峰
读奥尔德斯·亨利（Aldous Hunley）的《你是谁？》一文。此文概括论述 W. H. 谢尔登博士之论点，即人类体形之多样性与人类性格之复杂性。谢尔登将人之体形分为三类：肥圆型、结实型与细长型；人之性格亦分三类：不谐型、兼他型与组织型。这三种性格与三种体形是不相等的。但体形与性格间互有关联，大致上肥圆型为适意派，结实型为权力派，细长型为恬淡派。儒家学说属适意派；基督教及其他宗教属恬淡派。谢尔登谈及巴伐利主义。
下午浏览书籍。晚桥戏。

25日　星期日　晴　×
未做事。参加单冠方的晚餐会。着舞服致受凉，胃病发作。

26日　星期一　晴
梦琴　了一
读任访秋的《中国现代文学史》（上册）。

27日　星期二　晴
读完《中国现代文学史》。访伯伦。涤非邀晚餐。应一多之请，看了《昆明文化界对时局宣言》。

28日　星期三　阴暗不定

开始为《文选》加标点。晚间无电。继侗对同事中之低能者态度粗暴，企孙甚反感。余初同情继侗，然细思企孙之意见可能是对的。

3月

1日　星期四　晴　×
读《文选》。桥戏。

2日　星期五　晴
为《东都赋》与《西都赋》加标点。桥戏失误甚多。

3日　星期六　晴　⊗
读杂志。须注意饮食！

4日　星期日　晴
摘记罗的《中国文学批评史》与朱的《中国文学批评概论》。最近早睡，白日常感疲倦。

5日　星期一　晴　⊗
下午开校务会议，向教育部就生活问题发出电报。余系起草人之一。

6日　星期二　晴
读《文选》。访一多，并告以余不欲在《昆明知识分子宣言》

上签名。访吴晗，彼此次对我甚冷淡。访仲衡。

7日　星期三　阴　⊗
读《文选》。
……

8日　星期四　晴　×
开始调整例行工作。……读日文。

9日　星期五　上午阴，下午晴
未赶上五华的一节课。午饭后小解频繁，故未睡好午觉。今天日常工作处理甚好。一事须注意，即余须多读有用之书，不可随手拈来即读。读叔湘论"的""底""地"之文章，甚好。

10日　星期六　晴　×
近来常感疲乏，又不能午睡。今日称得体重107.5磅。自1月19日以来减4磅。亟须注意。晚桥戏。

11日　星期日　晴
写《中国文学批评史》书评，但进展甚慢。去唐家花园观赏海棠花。访宾泉并看溥心畬的画。晚桥戏。

12日　星期一　晴　⊗ ⊗
竹　晋三　雨亭　《时潮社》
例行工作。

13日　星期二　晴

昨晚胃痉挛并呕水，直至夜半未能成寐。说来惭愧，想是喝了6杯牛奶与2杯橘汁故。橘汁太酸，致引发呕水。做日常工作。萧太太来访，坐一小时余。晚间感到疲乏。

14日　星期三　晴

例行工作……江清赠橘。

15日　星期四　暴风雨

日常工作。拖地板半小时，等电，与客人聊天浪费一小时半。晚桥戏，玩得太久而使我非常厌倦最后一局。

16日　星期五　晴

日常工作。

17日　星期六　暴风雨

写《中国文学批评史》书评。晚桥戏。

18日　星期日　阴晴不定　×

因多食致胃病又发作。继续写文章。在《生活》上读到斯大林的故事。

19日　星期一　晴

日常工作。上午访一多。彼谓已为选拔委员会看过罗根泽的书，并建议给罗以二等奖。一多认为罗在文学方面造诣不深，因其对西方文学之进展一无所知。

近几日注意饮食，但胃仍不适，恐需数日后方能恢复正常。近来肠胃一直不好，大便又有些发白。上周前几日似有短期正常。

20日　星期二　晴　×

例行工作。晚访单副领事。

21日　星期三　晴

上午访宋云彬君。日常工作。下午决定不食点心。

22日　星期四　阴晴不定　⊗

例行工作。读怀特的《俄国的报告》与《时代》。

23日　星期五　阴晴不定

日常工作。必须坚持一日只进三餐。

24日　星期六　晴不定

下午2时，开中文系系务会，因未午睡，自觉精力不济。陈白尘君持一多介绍信来，商谈演讲会事宜，以胃病为由，谢绝之。写书评。

25日　星期日　阴晴不定

写完书评。

26日　星期一　雷雨　×

虑及将来，甚感不安。例行工作。

27日　星期二　晴
竹　雪峰
日常工作。完成《诸子系年》。

28日　星期三　晴
练书法之外仍做例行工作。晚，听黎东方讲《三国人物》。今日有美国客人来测量住房，心绪甚恶。

29日　星期四
李君谓签订重版《经典常谈》合同之公司撤销了合同。彼建议余将书取出重印。
近两日颇感疲倦。做日常工作。
读岑仲勉的《秦代已流行佛教之讨论》（此文以马元材之《秦时佛教已入中国考》为基础），载《真理》杂志1卷1期，1944年1～2月。该期内还有邓广铭所写《陈桥兵变黄袍加身故事议》。读完《诸子系年》。向金大夫索维生素60片。

30日　星期五　晴
例行工作。读《性心理学》。访黎东方，就《经典常谈》问题进行商谈。

31日　星期六　晴
上午领薪水与补助金。访一多，与彼谈中国文学所受之外来影响。开始读金田所写小说《行列》。此书甚长，两日内恐难读完。将驼绒长袍送至裁缝处改做，手工费4000元。

4月

1日 星期日 晴 ×

读《行列》。因饮咖啡致未能午睡。下午又提议买烧饼,致胃病发作。改作文,准备明日之讲演。晚写信。

2日 星期一 晴

隐 赞平 叔湘 圣陶

日常工作。参加《国文月刊》会议。晚桥戏。接成都来信,告廖辉如君死于手术。午睡未睡好,可能系昨日多饮咖啡故。又复贪食,须注意!

3日 星期二 晴 ×××

倦甚。例行工作。下午宋云彬来访,谈《国文杂志》事。又开校务会议,商谈发表学生的政治主张一事。

4日 星期三 晴 ×

疲倦。例行工作。改作文。

5日 星期四 晴

日常工作,但进展不快。进餐时胃痛,餐后倦甚。

6日　星期五　晴　×

未用午餐及晚餐，饮牛奶4次，第四次再呕吐，甚失望。日常工作。为五华学生写《诗文评论的发展》一文，恐怕学生所关心的就是这些了。

7日　星期六　晴

清理晾晒冬衣，整个上午在花园看守衣服。至西仓坡听钱君讲课，彼强调欲建新中国，必须国共和解。出席查克先生宴会，食罐头肉、鲑鱼，饮葡萄、柚汁。

8日　星期日　晴　×

吸雪茄二回，致引起神经紧张，并胃痉挛。下午参观张大千画展，《新安江一曲》及《雨》二幅最佳。

9日　星期一　晴

日常工作。食逾量，晚间胃不适。

10日　星期二　阴

日常工作。得采芷信。

11日　星期三　晴

日常工作。

12日　星期四　晴

日常工作。晚校务会议，商谈学生宣言问题。多食。

13日　星期五　晴

未做日常工作。下午采购。晚桥戏。

在校长家开会……有人建议解散学生会，但大多数人认为这太偏激，并提议采取中立立场，得到绝大部分人支持。梅校长将向教育部去电报告情况，并准备下周一发言。

罗斯福去世，消息传来大家为之震惊。

14日　星期六　晴　×

读完关于桥牌的书。下午访绍谷及梦琴。多食。

15日　星期日　晴

其如来访。余甚赞赏其短文《晌午》。读完《莫须有先生传》。此文系参照《爱丽丝奇遇记》与弗吉尼亚·伍尔夫之作品所写。

16日　星期一　晴

日常工作。晚桥戏。

17日　星期二　晴

日常工作。晚查克来访。未批改学生作文。婉拒谢君宴请。

18日　星期三　晴　×

云彬

上午修改学生作文。读《国文月刊》上一多的文章。下午自五华归来，仍改作文。

19日　星期四　晴

日常工作。浏览群书。

20日　星期五　阴晴不定

下午中文系开月会。浦否定窗子以外的价值。晚桥戏。下午请金吃点心，点心不佳。

21日　星期六　阴晴不定

赞平

偕江清下乡。下午及晚上闲聊。倦甚。

22日　星期日　阴　××

食量过多。读程憬的《中国的创世纪》一文。下午与一多同归。

23日　星期一　晴

日常工作。

24日　星期二　晴　×

上午读《时代》。下午黄仕林来，同访岱孙。访绍谷及梦琴。邀钱、罗氏夫妇及卓到青年会晚餐。菜甚平常。

25日　星期三　晴

上午至图书馆找资料。下午读《时代》杂志。今日未做日常工作。

26日　星期四　晴

日常工作。上午自图书馆及本系借书两册。

27日　星期五　晴

日常工作。访钱,商谈停办国民图书公司事,彼提议收回《经典常谈》之版权需慎重考虑。今日为未发作胃病之第三日,大便再呈黑色。

28日　星期六　晴

整日阅读各种期刊。

29日　星期日　晴

读杂志。下午参加清华纪念会,甚无趣。不得不随人行礼如仪也。

30日　星期一　晴

读《耶鲁评论》(1945年春季号)上P. W. 布里奇曼所写《知识的展望》一文。布里奇曼谈及两个时代的科学。一、真实的世界,实验方法——计划。二、分子与天文知识,含义的分析——人类知识之局限性。他还谈到个人创造的民主性,强调知识分子之作用。

5月

1日　星期二　晴　⊗

只阅读了《心理学》。下午任秦来。写信甚多。晚桥戏。

2日　星期三　晴

圣　东方　金子敬　嘉言　雨亭　竹　常君实　朱安恕

收到朱安恕小姐来信，提出离婚事。口气不那么咄咄逼人。发出寄成都信。批改学生作文。

3日　星期四　晴

仅读《心理学》。开清华评议会及联大校务会议。

4日　星期五　阴

去五华。同学们正在准备下午之纪念会。未去上课。日常工作。学生们举行了一次秩序井然的游行示威。

5日　星期六　雨

读《乡风与市风》。晚桥戏。

6日 星期日 阴

读完《乡风与市风》,浏览书籍。

7日 星期一 晴

日常工作。下午正之来,谓余需注意言语,又以"老实"称余。晚梅先生来,金劝梅君勿去重庆,即望彼不去出席六全代会。余亦觉其中委名义有诸多不便。来客甚多。遇庄长恭、皮皓白、任东伯及童第周。

8日 星期二 晴

今日系欧洲战场胜利纪念日。未做多少日常工作。得妻信,云渠未能为采芷觅得工作,并为不了解采芷之恋爱情况而感到抱歉,谓彼十分忧郁。此信使我忐忑不安。参加欢迎调查团之茶会时,心中仍不踏实。茶会从下午3时开到5时。伴溪与冯明叔来访。读岑仲勉的《饕餮》一文,此文颇有译文味道,不能令人信服。

9日 星期三 阴晴不定

日常工作,五华课程讲完。访陶孟和。晚桥戏。

10日 星期四 阴晴不定

日常工作,效率不高。已三天未动笔写作,有些自己原谅自己,尤其今日。晚桥戏,失误不少,一如往常。余虽喜桥戏,然惧失误,故打牌时常提心吊胆。

11日　星期五　晴 ⊗

日常工作。晚来客甚多。

12日　星期六　晴

开始写评雪峰之《乡风与市风》提纲。入市取《国文教学》邮包。遇彭成之君。体重104磅半（合47公斤）。读雪峰之另外一些文章。

13日　星期日　阴晴不定

准备对雪峰著作之评论文章，进展颇迟缓。下午参加杨石先的茶会，食品甚精美。

14日　星期一　晴

下午至五华为三年级学生期终试监考。晚桥戏。仅读《心理学》中文章少许。

15日　星期二　晴

日常工作。晚广田来访，告余彼已应南开之聘。接三弟信。又广田述圣陶在成都领导学生运动。

16日　星期三　晴

游君上午来访，示余新作之诗。入城观张文元君漫画，不值得一看。路遇了一，彼谈及轮休问题，并邀喝茶。仅读《心理学》文章少许，必须严格遵守余之日常工作与阅读计划。今晚二人来访。夜读《新闻周刊》与其他一些杂志。

17日　星期四　晴
日常工作。下午用一小时买点心。晚桥戏。

18日　星期五　晴
日常工作。饮浓牛奶巧克力后感到不适。晚饭后头晕，卧床二小时后才恢复。读英文诗与日文短文。近来心情烦躁。

19日　星期六　晴
上午访卢芷芬夫妇、宋云彬。下午访皮、费。晚桥戏。

20日　星期日　晴
上午阅五华学生试卷。开始写一首诗。晚桥戏。晚餐逾量，加之饮一杯浓咖啡而担心睡不好，又复呕吐。

21日　星期一　阴晴不定　×⊗
上午访萼邨，彼强调虚无论，此为微妙的逃避手段。下午写成诗《铁螺山房集赠主人》。但未能完成例行工作。萼邨告：彼对访友无兴趣。

22日　星期二　雨
胡乱读了点东西。赴五华一年级学生所设宴会，菜平常。汪君喝得酩酊大醉，吐了一地。

23日　星期三　阴晴不定　⊗ ⊗
上午写诗。下午参加缪云台之茶会，时间颇长。王竹溪以为物华比我年轻。

24日　星期四　阴晴不定

日常工作。读了两期《时代》杂志。晚桥戏片刻。F. F. 与芝生谈论美国书时出言不逊，我对此很感兴趣。妻来信。……读关于罗斯福家族之文章，其中一段曰："总统在财政上有后盾，他与豪富打交道时既不羡慕，亦不含有恶意，而这两种心情往往是一般改革者之习惯。这种改革者中的许多人连支票本都未摸过。""同情与谅解代替了仇恨。""我的一些朋友们有时抱怨罗斯福很少仇恨人，也没有多少冤家。""他与罗斯福夫人一样，从不把精力花在犹豫不决与懊恼后悔上。而这两者是最耗费人的时间与精力的。"

25日　星期五　晴　⊗

上午室内有人吵架，心绪不佳。近来因犯胃病，常易发怒，往往对与他人之接触感到不快。晚，又行桥戏。

26日　星期六　晴

温特沃思来访，谓其夫人已去外地，托彼代购5磅优质奶粉。写评《乡风与市风》文章数行。今晨既粗心又疲劳。偕岱孙购物，买得四听军用物资。赴潘光旦的宴会。他将余诗置一镜框中。房间太小，挤不下10个宾客。今日情绪不佳，故这次聚会不似上次欢乐。真正之愉快需有许多条件，此种机会难能可贵。温特沃思下午为余送来一听全脂奶粉。罐头底部有二焊接处，说明掺有面粉。对我而言15000元绝非小数，故对其忽视余之信任颇为不快。

芝生述国民党六中全会情况，使余等大失所望。老头子毫无远见，失去声望。彼全然背弃自己之信念，迟早将引起反抗。

在集市见葛悟非君，然彼未见余等，欲与彼打招呼，然岱孙遽止之。岱孙认为吾等购美国罐头食品非光彩之举，不可让朋友看见。此乃彼之自尊心也。

二弟来，证实奶粉乃货真价实者。

27日　星期日　晴

上午读《大西洋月刊》，下午作《寄三弟》诗，至晚始成。一多来，以《鱼》一文见示，读完。

28日　星期一　晴

读学生墙上反对左翼运动的公告。晚写信并桥戏俄顷。

29日　星期二　晴

竹　赞平　了一　镇淮　三弟

上午取薪金。托江清交二弟1万元。下午甚感疲倦。晚参加国文学会之毕业同学欢送会，出席者甚少。主席及致辞者皆强调民主与文学之功利性。我则就历史与现实之矛盾进行讨论，结论为不能背离历史，但我认为必须联系人生给历史以新的解释。江清认为教授必然要落伍。

膺中分《礼记》为三类：记注、记、传。

30日　星期三　阴晴不定　×

读写明叔之《五柳先生传注释》，并摘记。下午出席系务会议，一多缺席，吾等商议下年度之课程安排，涉及文史地等学科改革后之应有地位。余作为《文选》阅读与欣赏课之代课人，建议取消用课堂提问之方法来检查低年级学生对词义的理解能力之条款，罗似不快。

31日　星期四　阴晴不定　⊗

日常工作。下午到五华取薪金。晚打桥牌,甚感疲倦。

6月

1日　星期五　阴晴不定
日常工作，今日身心安泰。

2日　星期六　阴晴不定　×
修改刘禹昌《咬文嚼字》一文注解，并完成语体文目录及课程说明。晚无灯，甚喜，然不能熟睡。王雪艇来信，许借版权。

3日　星期日　暴风雨
略感头痛。读小说《行列》，进展甚慢。整日情绪不佳。晚桥戏，失误很多，一如往常。

4日　星期一　阴晴不定
下午准备诗选之讲课。晚写信。疲倦。

5日　星期二　晴
交付膺中一些文件。去联大领清华之福利补助，但忘记银行午后4时关门，迟一小时，吃一顿客客气气之闭门羹，余失望而返。出席评议会宴会，又食逾量。与蒋、陈共访P. S. 钱，余述天口山事件时，钱打断之，想必彼已知此事，故不加评论。余设法若无其事地中断余之谈话。

6日　星期三　晴　×

上午取福利金。日常工作。

7日　星期四　晴

镇永来访，谈其重庆生活。彼反对所在中学当权者之腐败与压迫。

萧夫人来访。读《时代》周刊。做日常工作。决定再暂停三日早操。

8日　星期五　晴

祥英

例行工作。读毛泽东《论联合政府》的报告。

9日　星期六　晴

决定在短期内不食花生。读二篇有关胃病之文章。一篇谓人在烦恼之时应多进食。另一篇谈食物引起之各种过敏症，及如何进行试验。还读一篇关于婚姻之文章，谓婚姻涉及三个环节，即社会承认、爱情与自我表现。爱情意味着男女双方认为自己对对方有一种特殊之关系，而此一环节较其他两者更为重要。

读保罗·瓦莱利所著《诗的发展：第一课》，此文由杰克逊·马修斯译成英文，载《南方评论》1940年冬季号。瓦莱利不时强调思想之混乱状态以及通过模糊的概念而产生之行动。他从《经济学》杂志上引用诸如"生产者""目标""价值"和"应答"等类词汇。

读 4 月号《哈泼斯》杂志上《战争与诗人》一文，作者理查德·埃伯哈特谓："混乱中出诗，在战争中混乱以暴力之形式出现于诗人面前。"继侗今晚埋怨 C.L.，尖锐地批评彼最近拿美国之补助金并对此事秘而不宣。

10 日　星期日　晴　×

上午读吕荧的《人的花朵》与艾青和田间的文章。晚桥戏。写关于《乡风和市风》的文章，然不多。

11 日　星期一　晴，不定　×

例行工作。晚桥戏。时间之支配宜有计划。

12 日　星期二　晴　×

例行工作。

13 日　星期三　晴

日常工作。绍谷下午来访，并劝余返成都，并愿为订机票，对其建议颇感兴趣。

14 日　星期四　晴　×

今日端午节，绍谷邀参加其家宴。

15 日　星期五　阴晴不定

日常工作，但因桥戏而未练书法。近几晚打牌时感到疲劳，想必近来一定瘦了。心中总想着回成都的念头。

16日　星期六　晴　×

为王宪钧书写诗作,一上午遂过去。下午到五华参加朗诵会。光未然读其妹之诗作《我们是老百姓的女儿》。闻以为此乃联大朗诵会中成功之作。我试读了达文波特《我的故乡》译文。据说比上次好。消夜食物以取消为好。

17日　星期日　晴

上午遇刘、费正清夫人,颇愉快。写《乡风与市风》评论。

18日　星期一　阴晴不定　×

继续写书评。晚桥戏。

19日　星期二　晴

上午完成书评。下午诗歌班考试。

20日　星期三　晴

参考《范石湖诗集》。命试题。

21日　星期四　晴

绍谷　文化服务社

去系图书馆还书,并将试题交冯小姐。访一多,未晤,将试题交其夫人。

22日　星期五　晴　⊗ ⊗

上午访一多未遇。与江清谈。下午访冯至。晚桥戏。写庆祝写作25年和50岁生日的文章。

23日　星期六　晴

竹　蓬子　东方

上午至清华办公室，并访一多。彼告以四接头语："密宗、息、增、怀珠。"将《杜樊川集》借与江清，并将中国文学史试题答案交彼。安排五华学校中文补考题。

上午李续纲君来访，谓高中三年级学生可能要进行补考。此事使我不安。午饭后胃不适。

阅学生卷子。桥戏时与往常一样提心吊胆，失误不少。

24日　星期日　晴　×

读《时代》及《新闻周刊》。下午与张大煜、王嵩波共访企孙。又访正之，正之告已辞去中央大学校长。读《游仙诗研究》一册，其中提出游仙诗分神仙生活及长生两类。

25日　星期一　阴

访绍谷，并取飞往成都之申请表。绍谷介绍余订双程票，谢绝之。

出席文学院教授会。毛君发表不少意见，调子颇高，且有点哗众取宠。坦白地说，我不喜欢他。由于上过一次当，而且制止过他打断我的话，故我非常克制。参加全国文艺界抗敌协会昆明分会为茅盾五十寿诞举行之庆祝会。李何林请我主持会议，婉拒之。庆祝会甚长。会议赠茅盾一幅题词，上有与会者之签名。遇田汉、安娥、北屏与草明君。草君谓107师师长去年桂林战役中自杀，政治部主任沦为战俘。迈先遭遇亦不佳，但未能证实。草君云107师打得非常勇敢，为国牺牲总是光荣的。

钦立体重仅100磅。归来对同室人谈及此事，彼等谓，有些人夏日往往体重减轻。余还对彼等谈起余近来每日呕水,日渐消瘦之原因。岱孙认为此乃正常现象。诚然,彼等安慰我是一番好意,但我总觉得将自己的病情与苦痛去告诉别人乃不智之举。如别人给以诚心诚意之问询而使自己感到安慰,尚且值得;若别人漠不关心,冷冷然安慰数语,则只能伤害自己的感情。故最好不谈自己的病痛,并尽量表现得坚强些。

26日　星期二　晴 ⊗ ×

上午访董克仁,烦他做乘飞机申请书之保证人,随后将申请书交航检所。下午读完吕德申文章。

27日　星期三　阴

竹　希直

阅王彦铭毕业论文。核对中央图书馆文学书籍之分类目录,较前有改进。

修改《诗词格律及其变化》一文,并转交颉刚。

28日　星期四　晴 ×

访绍谷,托买飞机票。以董克仁之介绍信见中央公司主任,未办成。董求助于空军司令部。遇廖仲爽。绍谷再次介绍买机票。访金七哥遇耿钰,高述耿钰及拾遗故事,在此晚餐。

29日　星期五　晴

成资　一多　梅先生　膺中

去学校领薪未果。归途遇绍谷与岱孙乘小汽车在四处找我。绍谷已为余订购机票,10分钟内打点行装。在乔家与乔君夫妇共进午餐。下午 2 时 15 分起飞，5 时抵成都，7 时到家。与戚观之夫妇、袁方与王笙泽同机。袁系参加 7 月 10 日左右召开的劳工会议，访金、祁二家。

30 日　星期六　晴

访友人，见圣陶、守愚、季明、雨僧及千帆。自圣陶处借得《中国诗新形律评说》及《中国诗论集》。疲倦。

7月

1日 星期日 阴

偕妻出访。在驼子面馆午餐,于刘医生处晚膳。

2日 星期一 晴 ×

上午至川大访友。应七嫂邀午餐,菜佳。自中舒处借得《中国社会经济史》。

3日 星期二 晴

岱孙　绍谷　克仁

上午写信,在撷英酒家参加章雪舟之女的婚礼,宾客约200人,存放衣帽之押金均用10元钞票。偕妻步归。

4日 星期三 晴 ××

新闻处　廖仲爽　雨僧　叔湘

上午写信。开始读森谷克已著、陈昌蔚译《中国社会经济史》。下午在房君家见两位美国军曹。到书院正街参加竹的生日庆祝会,除余外皆为女客,很难谈话。

5日　星期四　晴

下午去川大医院，然彼处午后不予注射，颇恼火。读《中国社会经济史》。

6日　星期五　晴　⊗

霍乱预防注射，体重102磅。读完《中国社会经济史》。

7日　星期六　晴

开始读陶希圣之《中国社会历史分析》。在望江楼遇叔湘，欲打听此处大学的一些情况，然彼招呼罗玉君夫人过来，我们只好改换话题。

8日　星期日　晴　×

一多

访友人。赠守愚维生素丸，赠圣陶烟一盒。应琎髣邀午餐，到客甚多。

9日　星期一　晴

梅校长　三弟

上午玉华来访，我颇冷淡，应待人更热情些。写信。程千帆、刘君惠、高石垒下午来访。一同去望江楼茶座。千帆携已故黄侃之女婿潘石禅同往，谈论有关文学的一些问题。千帆讲述寅恪对《长恨歌》中汉皇与成都道士之解释。彼认为此二处系指汉武帝与李夫人的故事。千帆从此解释中推论曰，《圆圆曲》中西施与吴宫故事系从《长恨歌》中得到启发的。这些谈话颇有见解，余甚感兴趣。

10 日　星期二　阴

昨夜降雨。上午教乔英语与国语。读完陶希圣的《中国社会历史分析》。

11 日　星期三　暴风雨

读完《现代中国诗选》。准备明日讲课提纲。赴七妹生日宴会，食逾量。

12 日　星期四　阴　⊗

上午到燕京大学讲新诗课，表慢一小时，颇窘。又声音过低，讲课很不成功。董每戡邀在宴宾楼午餐，客人有姚雪垠、陈斠玄及叶丁易。下午访雨僧及李晓舫夫妇。

13 日　星期五

参加邓晋康生日宴会，美酒佳肴。柯家华君邀余下周五为暑期学校学生讲课。访李哲生君与李梦然夫妇。李哲生君为人诚挚热情，久为采芷找工作事帮忙。

14 日　星期六　晴　⊗

竹的同事邀午餐，菜佳。

15 日　星期日　阴

江清　达元　膺中

至明湖春赴章、叶宴会，遇子恺与载良。晚餐后在望江楼与中舒、载良饮茶。读侦探小说。

16日　星期一　晴　⊗

应斠玄、陈白尘、叶丁易及叶圣陶之邀，在全家福午餐。饭后又到桃源饮茶。

17日　星期二　晴

徐中舒与朱之彦来访，分别与之长谈。徐对语言文字的感觉力颇敏锐，借与《文史通义》《蜀东南诗记》，赠诗4首予子恺。

18日　星期三　晴　⊗

圣陶　公权

胡赞平来访，交向传义的请柬。读《夜半谋杀案》。

19日　星期四　晴

宪钧　田宛菏　廷梁

打电话给马季明，商谈接收张毓英事。访发英，告以商谈情况，遇《黄浦日报》记者章伯怀君。参加向育仁君晚餐会。遇陈以可，此人有点夸夸其谈。访余中英未晤，留签托为代购一幅子恺的画，并通过陈述民君转告张仲铭，亦请其代购子恺之画。

20日　星期五　晴　⊗×

江清　公权

庆祝刘大夫生日。到枕江楼参加柯家华的晚宴，到客有张广安与我。张合肥人。后到华西坝演讲，听众五六十人，为柯君预料的10%，很窘。扩音机实无必要，因此未用。情绪很坏，仅讲了40分钟。

21日　星期六　晴
岱孙　瑂璜
昨在林大夫处称体重，系44公斤半，较去岁归来时重2公斤。写信。参加清华校友会茶会，遇若干友人及学生。王宪钧君亦参加，赠余烟草袋一只及维生素片。遇卢剑波君，彼谈及在协中教书之难处。王楷元君亦到会，索余手书。赴郭有守君宴会，菜肴甚美。周寄梅夫妇、子恺与载良系主宾。

22日　星期日　上午晴，下午雨　⊗
上午孙望夫妇来访，还诗集二册。与组缃谈甚欢。余中英夫妇、琏鬄及吴景伯太太来。在组缃处午饭。下午参加子恺画展，遇谢冰莹。与圣陶言志。圣陶问及在现状下有否自由，对此虽稍加肯定，但无确切答案。今后想来职业与思想之自由至关重要，然隐指出了我的地位能否做到这样。

23日　星期一　晴
感冒，但黄昏前未察觉。之彦来访，示以诗稿，长谈之。告以教书生涯中事。谈及政治上之腐败遍及各地，因而必须进行革命。他10点10分告辞。我因久坐院中感冒加剧。
下午读翦伯赞的《中国史论集》。

24日　星期二　晴　×
上午访冯焕章及组缃。参加文协之欢迎会。发言谈关于文艺与政治关系之意见。在宴宾楼午饭，少城公园饮茶。访宪钧不遇。取张黑女墓志铭归。

25日　星期三　晴

梦生　达元　雨僧

读《中国史论集》和侦探小说。

26日　星期四　雨　⊗

文熙

读《中国史论集》及侦探小说。单传渊来。采芷为职业及婚姻问题甚苦恼,她得知黄另有一女子,因此断然停止朋友关系。

27日　星期五　阴

读《中国史论集》与《月光下的人》。读今年3月24日的《S. R. L》,其中两篇文章颇有趣。一是罗伯特·希利尔的《现代诗歌与普通读者》(生活在隐喻时代的诗人太多事),谈明喻、隐喻与象征之不同作用。结论是:在普通读者或普通群众耳中,诗人之语言应简单、朴实、悦耳,因诗人本身即普通群众之一员!另一篇是杰拉德·普敏·迈耶(Gerard Previn Meyer)的《诗人与蜻蜓》(现代诗词中缺乏人的个性)。他说:"另一方面,蜻蜓从不缠住自己的腿。它在阳光下飞舞,比有独创性的诗人更优美。然而,在写作过程的某些方面,有独创性的诗人,杂质被净化后,诗的纯洁、本质和真正的诗意也随之消失了。"

28日　星期六　晴　⊗

余中英夫妇　秦文卿

例行工作。下午访子恺及载良,只遇载良。采芷将就任女青年会干事。到四圣祠南街华英书局参加诗歌小组会。遇郭宗亮、金式荣、邹荻帆及黄药眠,谈诗歌问题。

29日　星期日　晴

岱孙　一多

　　上午写信。在方君家玩桥牌，吃冰激凌。桥戏中虽有失误，然手气不坏。

30日　星期一　晴　⊗ ×

　　应川大图书馆同人邀，在静宁饭店午餐，菜虽佳，地方却狭小。访圣陶，听到关于子恺的展览会及文协暑期讲座的新闻。到华西坝买药。疲倦。热极。

31日　星期二　晴

哲生

　　日常工作。真感到中庸之道的美。晚间之彦在余就寝前来访。

8月

1日 星期三 晴 ⊗

读完翦伯赞的《中国史论集》,具有新的立场,但深度不够。晚桥戏。

2日 星期四 阴

必须注意食量!日常工作。读完海伦·麦克洛伊(Helen Mecloy)的《月光下的人》,此乃今年暑期中我所读的第二部侦探小说。第一部系 R.A.J. 沃林所著的《夜半谋杀案》。

下午看望单太太与王孟浦君。正如所料,王不在家中。

3日 星期五 阴 ⊗

例行工作。继续读何容的《中国文法论》。晚桥戏后倦甚。

4日 星期六 阴

季明

日常工作。读翦伯赞的《杜甫研究》。彼强调杜甫之社会因素,但作为一位学术研究者,其学术性不足。

晚桥戏。近3日均桥戏4小时余,时间过长,3小时较宜,可玩4局。

今日系我们的结婚纪念日。

5日　星期日　晴　⊗
岱孙
上午请戚寿南先生看病,为马季明所介绍,甚感。戚先生诊断为胃神经紧张、分泌物过多。访圣陶,托购去重庆机票,遇其夫人。到华西坝药房买药。

6日　星期一　阴
下午程千帆夫妇来访,邀星期三晚宴,因李劼人有约在先而谢绝之。读完何容的《中国文法论》。

7日　星期二　阴,雨　⊗
岱孙
心恒及宪钧来访。心恒交来岱孙的药,又闻寅恪将去英国。下午川大图书馆同事来访竹,并晚餐。晚桥戏。

8日　星期三　雨
岱孙
去李君家之路泥泞不堪,很难雇到车,决定不去了。赴张东泉夫妇晚餐会,遇曹日昌,曹系吴文陵第五女婿,从事运输业,彼谈及这方面的经验及其岳父之藏书。见到张君之兄弟,彼去岁由河南敌人狱中释出。

9日　星期四　雨　⊗

岱孙　劼人

昨夜降大雨，甚烦人。下午携乔参加张志和生日晚宴，在此种场合甚感窘迫。

10日　星期五　阴晴不定

阴雨与流行霍乱令余忧心忡忡。上午甚感不适。下午写信给绍谷、达元、蓬子、季明、了一。

敌今日无条件投降，大好消息！

11日　星期六　阴晴不定　⊗

圣陶　方训

诗二首译完。昨晚拾珊告毓英考试不中。下午访李方训不遇，留信。晚桥戏。

12日　星期日　阴晴不定

日常工作。开始读刘大白的《中诗外形律评说》。

16日　星期四　晴

圣陶　洗人　克敬

上午略感头痛。近日睡眠不佳且多梦。访张敷荣夫妇。归来倦甚。得圣陶信，催余寄照片给重庆。下午感冒发烧。

17日　星期五　雨

病愈。接楷元、岱孙信，9月3日开学。竹患疟疾。访张云晴。

18日　星期六　阴晴不定

妻因疟疾缠身而疲乏无力。写信给王瑶、正之、岱孙、达元、楷元。明日寄出。患疟疾。

19日　星期日　阴晴不定

霍焕明

头晕。读加德纳（Gardner）的《幸运的航程》。

20日　星期一　阴晴不定

去航空公司，遇侯国瑞君，颇殷勤。后又遇徐颂平，彼接读廖信而未加可否。无论如何，姿态尚可。访圣陶并还书。他选了两篇乔给《开明少年》之投稿，付500元。受余之托，彼请开明书店预付余稿费2万元。

去航检办公室，访潘君，办事人员曰彼不在，请我去见钟君。将廖君介绍信交钟，彼正忙于一女乘客之票务，对介绍信及余均漫不经心。经询问，曰申请书下周批复，问渠具体日期，勉强答以下周二。见郭有守君从院内经过，余未去招呼，肯定失一求助之机。买药后回家。读加德纳书数页。头疼。

21日　星期二　阴晴不定

赴四妹午餐会，因风与妻的迟延颇感不快。读完加德纳的作品，甚有趣。

22日　星期三　大雨　×

圣陶　国瑞　岱孙　江清

降大雨，致围墙倒塌，甚危险。写信，桥戏。

23 日　星期四　阴晴不定

访胡赞平二次不果。请胡太太转告委托购机票事。访凌梦琦，彼已不司机场事，在彼处午餐，合家热情相待。访举一。桥戏，失误不少。

24 日　星期五　晴　×

上午校正《经典常谈》。下午读包世臣的《艺舟双楫》。

25 日　星期六　阴晴不定

读斯皮里多维奇（Spiridovich）的《语言学与世界语》，由高木弘与井上英一译为日文，又由孙伯坚转译中文，1935 年上海辛垦书店出版。

晚桥戏。夜风雨大作。

26 日　星期日　阴晴不定

室壁再次爆裂内倾。继续读斯皮里多维奇的著作。桥戏后在金家晚饭。

27 日　星期一　晴

玉章来访，并与我等共进午膳。张太太与王太太来访。张太太已为我购得机票。王太太赠若干礼品。倦甚。

28 日　星期二　阴

上午访胡赞平，送维生素 B_1 和维生素 B_2。王伯涵来，遇于途中。其子为王维休。读完《语言学及世界语》。读范德比尔特大学英语系詹姆斯·哈里·史密斯和埃德·温菲尔德·帕克斯汇编的

《文学批评选集》，读完其序言。下午访王伯涵、同浦、志和、圣陶、张东泉、余中英、马玉章及刘云波。体重45公斤。张敷荣来。

29日　星期三　风雨

拂晓前冒雨去南车站，10时抵新津，但今日无飞机，焦急等待至夜，倦极，但睡眠颇好。遇田庄君，甚友好。翻译队负责人郝敏昌亦友好相待。

30日　星期四　阴，下午晴　⊗

下午2时起飞，4时半至昆明。在机场遇马志振自法国归来。晚至宿舍，累得要死。奚若来。

31日　星期五　晴

崔蠹云　膺中

上午清扫房屋。王玉全来访。

9月

1日　星期六　晴

东泉　竹　李昌炽

上午写信。下午访德嘉、绍谷及膺中。绍谷将去成都。岱孙赠培源款2万元。

2日　星期日　阴晴不定

上午访襄七，带去赠礼。其事业似处两重境遇中。与彼等同用便饭。

今日日本无条件投降签字。

访芝生、一多，未晤。温特沃思来访，示以其侄之信，谓父农历二月逝世，此噩耗使我悲痛万分。谢绝金先生今晚之宴请。

镇淮来访，专诚为送五华薪水而来。写信给文藻，向他致谢，并请他在我去接两个孩子之前，加以照料。

3日　星期一　阴晴不定　×

竹　玉华　洗人　七嫂　西撒　伯涵　田庄　德润等8人　敷荣

上午读《新闻周刊》。下午写信。一多来谈清华国文系事。多食，宜注意。房润府来取走5万元。

4日 星期二 阴晴不定

上午读《生活》。得文藻信,报告父亲死讯。父从农历正月十三日起病重月余,二月二十七日去世,那是阳历4月9日。丧葬费共83.16万元上海法币,合黄金1.53两。文藻要我还温特沃思三分之一黄金,立即按其所说办理。

晚桥戏。李来访,告以学校消息。又复迟睡。

5日 星期三 阴

竹 方 瑞璜 培源 文藻 三弟

准备明日讲课。

6日 星期四 晴

开始准备中国文学史讲稿,忙于写提纲,迟睡。

7日 星期五 晴 ⊗

准备讲课,晚睡。到五华讲课,累得要死。

8日 星期六 阴晴不定

开始写中国文学评论讲稿。

田觉狮来访。

晚间读杂志。

采芷来,她觅得一好职位,得到基督教女青年会很好的照顾。告以父亲死讯。

9日 星期日 阴晴不定 ×

上午看杂志。晚写信。F. T. 今晚9时去芷江。明早单冠芳将离开，未能话别为憾，食量要慎重。开教授会。

10日　星期一　晴　⊗
膺中　圣陶　梦家　在宥
到联大看参考书。下午又到云大。

11日　星期二　晴
准备五华讲稿。

12日　星期三　晴　⊗
备课。

13日　星期四　阴晴不定
备课。

14日　星期五　晴　⊗××
下午到市内。劳累致呕吐。晚到郑华炽处桥戏。甚不适。

15日　星期六　阴
文藻　梦玙　乔俞　赞平　圣陶　慎予　季明　平伯
今日吃流食。下午写信。

16日　星期日　晴　××
准备文学史讲课。来客甚多。晚访达元，晤谈甚欢。

17 日　星期一　晴

上午访一多，未晤。得闻太太许可，阅一多手稿，资料丰富，很受启发。

准备中国文学史讲稿。拒绝江清关于邀请邵、孙、沈及卡尔·陈的建议。此数人中，我只喜欢孙，拟往看望，与之话别。

一多今天下午看望寅恪。期望能与一多谈心，然彼冷冰冰。我大概是个引不起别人兴趣的人。

18 日　星期二　晴

从午至晚，来客甚多。

19 日　星期三　晴

重新安排日常工作时间表，并按此行事。

20 日　星期四　晴　××

余程　孟真　孟实

多食。岱孙评论寅恪不辞劳苦帮助他人，余程亦不冷酷，而我则珍重人情。例如我在离席时不话别就感到遗憾。访岱孙亲戚沈君，系驻西贡前领事，后来却被抓入集中营，彼述经历及感受。

21 日　星期五　晴

日常工作。寅恪与其他数人今日动身去加尔各答，上午送别之。与寅恪谈及平伯，谓彼颇想念平伯。

22 日　星期六　晴　×

日常工作。下午出去看碑帖。

23日　星期日　阴晴不定

读杂志。从下午至晚间都在玩桥牌。

24日　星期一　晴

竹　梦生

日常工作。晚食藕粉，致胃病发作。

25日　星期二　阴晴不定

日常工作。晚桥戏，失态，确应引以为羞，今后当力戒之。

26日　星期三　晴

日常工作。

27日　星期四　晴

向五华请假一小时半，赴北大文学研究所参加欢迎向达之茶会。彼谈及最近敦煌情况，颇有趣。下午访张东泉。今日极忙亦极紧张。

28日　星期五　晴　×

例行工作。晚邀张东泉到榕园晚餐。菜一般。到客有一多及端升。

29日　星期六　晴

上午钱来访，请我等在对当前政局申述意见之电报上签名，内容谈及蒋（介石）之独裁统治。我同意签名。

晚读《新闻周刊》与《时代》。秦又病了。

30日　星期日　晴　⊗

上午读《文选》。下午改学生作文,到市内买药。与端升谈电报事,其言语颇难听。

10 月

1日　星期一　晴

日常工作。下午参加系务会，未能午睡，倦甚。晚间改学生作文。

2日　星期二　晴　⊗

寒冷。例行工作。下午惠我春携其女来访。晚成诗一首。

3日　星期三　晴

发生政变，省长被撤。第五军发布戒严令。不时有枪声。钱来，谴责蒋做事太绝，因龙已表示愿下台。彼认为最好有德高望重者出面调停。然此处诸君对其意见颇冷淡。

日常工作。入夜后零星枪声不绝，令人担心。

4日　星期四　晴　×

事态依然不佳。例行工作。晚射击声甚烈。岱孙写信问胜利后怎么办？忘却吧。

5日　星期五　晴

日常工作。今日气氛甚紧张。

6日　星期六　雨，阴
例行工作。芷芬来。晚打桥牌。昆明事件趋于平静。

7日　星期日　阴
上午读《时代》。下午散步，晚打桥牌。读膺中的《上古文学史讲稿》。奚若谓刘文辉被解职。温特沃思上午来访，示我其妻之信，信中谓闰生患伤寒，令我担心。圣陶来信，与余商讨《国文月刊》事，口气颇犹豫，决定停刊算了。

8日　星期一　阴　⊗
例行工作。天气寒冷。读膺中之《文学史》。

9日　星期二　阴
膺中　蓬子　雪峰
例行工作。晚桥戏。

10日　星期三　晴　⊗
上午读《文选》。访白潜叔及泽丞，又访宋云彬。下午参加茅爱丽女士独唱会，又参加惠国姝女士婚礼，菜佳。

11日　星期四　晴
日常工作。逖先去岁农历七月初一辞世。接迈先信，是好消息。上午访宋云彬，与之话别。

12日　星期五　晴

竹

日常工作。下午依次访田觉狮、彭桂蕊、张凤元、二弟、冠英。还二弟10万元。与冠英商定《国文月刊》事,接效武信。体重102磅。

13日　星期六　晴

日常工作。晚打桥牌。联大评议会开会,听梅校长谈重庆开教育会议之情况。

14日　星期日　晴　⊗

开清华评议会,时间甚长,菜佳。晚桥戏。

15日　星期一　晴

文史社

做部分日常工作。下午访今浦并购物,拟购黄山谷手笔拓本,但店主不愿出售我欲购之单幅;再者,余发现其中仅数纸较好,故兴趣亦不大了。

16日　星期二　晴

日常工作。

17日　星期三　晴,晚落雨

日常工作。出席中文系为今甫及一年级新生召开之欢迎会。今甫谈及中文研究及英国人欣赏中国画的问题,他强调文学之统一性。一多首先问英美对苏联的态度。会议主席最后直率地指出今甫谈话方式，表明他局限于象牙塔中，而且他急于知道是否有人饿死，英国人体现了他们压迫殖民地的感情。刚好今甫要去赴宴，故而离去。一多被邀发言，他对主席的不客气表示遗憾，但赞成对志趣相投的听众直言相告。彼谓愿以此方式将会开下去。总的来说，彼非难英美文化，而无条件地赞美苏联。余4次被邀发言，皆谢绝。

18日　星期四　晴
今日例行工作。

19日　星期五　晴
日常工作。晚读《S. R. L》。上午李君及伯安来访。

20日　星期六　晴
仅读日文。下午到高山铺买罐头食品。作成冯芝生母懿德诗。晚桥戏，与霍仲衡一边，其干涉及评判过多。

21日　星期日　晴　×
着睡衣量体重只得94磅。换衣着后再量得101磅，与上周相差无几。上午在前院晒衣服时读《殷历谱》。下午改学生作文直到晚上，5个半小时共改28份，效率可谓不低矣！写信给文藻、闰和武。

22日　星期一　晴，晚降雨　×
因忙于开罐头等事，未读成《文选》。下午准备文学史课。晚读杂志，给竹写信。平价配方处段君赠药一瓶，因日间配方药物效果不佳故也，甚感。

23 日　星期二　晴，晚雨

日常工作，晚打桥牌。写信给妻，就寝甚晚。

24 日　星期三　晴，晚雨

竹

日常工作。

25 日　星期四　阴晴不定

陈太太

日常工作。读《生活》杂志。去榕园赴杨秀鹤小姐生日宴会。

26 日　星期五　雨

日常工作。读《时代》。晚桥戏。

27 日　星期六　阴

日常工作。出席欢迎 S. N. 傅君之茶会。余问余致彼之信，彼不作答，亦不表歉意。余曾为傅之老母写诗一首，以为彼已收到此件，但今日彼绝口未提此事。为飞机发动机厂重写厂歌。

28 日　星期日　晴

士倬　迈先

称得 98 磅。访刘雯晶。到司家营。整理书籍，检视箱笥。由此想到设一地摊，卖掉一切，倒也不错。

29 日　星期一　晴

背负一大包裹归来，倦甚。今日只练了书法。晚访叔玉。

30 日　星期二　晴

读《文选》。下午物华来谈其职业问题。到大学取月薪，但银行无现款，致未能取出，颇失望。晚打桥牌。

31 日　星期三　晴

上午因提早去五华找参考材料，故无时间做日常工作。下午取月薪及补助。应邀出席从文为今甫所设茶会。其他来宾有冯至、王逊诸君。席间谈话之唯一主题乃饮食问题，余两次欲改换话题，均徒然。冯太太讲述蒸鸡做法：在大锅内炖肉，利用炖肉之蒸气炖鸡，肉、鸡均入味。余觉此法颇新颖。为李君所作《沅陵图》诗二首，请画店裱制。

11月

1日　星期四　阴晴不定　⊗

上午写《沅陵图》之标签。例行工作。下午买可可及奶粉。今日校庆，但未能参加茶会，因到五华讲课故也。

2日　星期五　晴

日常工作。下午出席评议会。得乔信，告知家中一切均好。

3日　星期六　阴　⊗

竹　冠英

上午想起昨日忘记今日的文学批评课，赶紧准备。下午练习书法。参加斯普罗斯（Sprouse）先生的晚宴，失态。与温特谈甚欢。

4日　星期日　雨

上午改学生作文。岱孙建议我们同去G. F. 商场。天将雨，而岱孙与余均未带雨具。余等一行4人乘公共汽车抵商场时，已降蒙蒙细雨。此行不甚愉快，因余归来时迷路，未搭上公共汽车，只得步行回家，途中在一店家食麻饼充饥。

5日　星期一　雨　×

例行工作。下午改学生作文,晚写信。

6日　星期二　晴

伯祥　雪舟　孟实　文协　圣陶

日常工作。林抡元与广田分别来访。达元邀余星期四晚餐,谢绝之。准备中国文学史讲稿。

7日　星期三　晴

日常工作。晚叔玉来打桥牌。

8日　星期四　阴晴不定

上毕五华课后漫步归来,欲购黄山谷字帖,但遍寻无着。余确酷爱书法,然自愧眼界不广,看到的摹拓甚少。出席为叔玉与岱孙所设之宴会。得到一幅《沅陵图》,但画得相当粗糙,全然不能令人满意。

9日　星期五　晴　⊗

日常工作,并练书法。晚了一到二楼访余,未做事,仅读《时代》。

10日　星期六　晴

去"译林社"讲课,午睡欠佳,倦甚。讲课后漫步归来,在一小巷遇一停驶卡车,路愈窄,此时数名军官从余背后赶来,为首者催我快走或让路。彼之言语余未听清,大致谓余在路上踱方步,余不予理睬,然彼等亦未能超越。

赴叔玉宴会，菜肴丰盛而鲜美。膺中来信建议开明最好采用《国文月报》刊名。

11日　星期日　晴
梅先生　圣陶

访膺中商谈《国文月刊》事。彼言辞虽未明确，但其真意在反对余之意见。彼已见到圣陶信。参加子卿之午餐会。下午与杨秀鹤打桥牌，金之情绪似不甚好。参加北大同学举办的傅先生欢迎会。傅断言北大文学院为第一，尤其强调北大如有对手，只有北大人可与北大之对手匹敌。昨接文藻信，谓效武常说要出走，此一难题也。

12日　星期一　晴
完成部分日常工作。出席庄先生的午餐会。温特先生讲了一些有趣的故事，彼乃席间唯一长谈之来宾。晚赴霍君宴会。

13日　星期二　晴　××
岱孙离去。下午膺中来表示对《国文月刊》问题的意见。晚魏泽馨来，谈国文之做学问方法。

14日　星期三　晴
圣

准备文学史讲稿。

15日　星期四　晴
清常　冠英　岱孙

下午甚感疲倦。晚备课。

16 日　星期五　晴
忙于备课，需空出些时间进行精读。

17 日　星期六　晴
下午至晚，读《殷历谱》，又例行工作。

18 日　星期日　晴
上午洗衣。温特沃思来访。在叔玉家打牌并用晚餐。我失误不少。菜肴丰盛。

19 日　星期一　晴　⊗×
上下午修改学生作文。晚读《生活》杂志。准备文学史讲课。迟眠。

20 日　星期二　阴晴不定
赴襄七之生日宴会，赠其瓷碗。食逾量。读膺中的《中国文学史》讲稿。迟眠。

21 日　星期三　晴　×
摘记毕膺中《中国文学史》讲稿。除读《文选》外，日常工作。

22 日　星期四　晴
只完成一项日常工作，即读日文。晚间倦怠已极。叔玉来访，询及我等之政治态度。其目标乃钦，但钦前往美领事馆宴会，于是彼与我谈心。

23日　星期五　晴　×

岱孙　编译馆

须严格按例行顺序工作，尤其是午睡后书法练习，对胃病适宜，应坚持实行之。

24日　星期六　晴

日常工作。陪李去崔家，并在崔家桥戏。开始对崔之评论甚为不悦，后乃习以为常。

25日　星期日　晴　⊗××

培源　岱孙

称得100磅。蒋庆烺来，交付培源之外汇申请书之复文，未获准。立即写信给培源及岱孙。下午到徐毓枬家。晚军警取缔学生之时事晚会，枪炮之声，时闻于耳。

26日　星期一　晴

岱孙

准备中国文学史讲稿。出席评议会，大家决定向地方政府抗议，并向教育部发电。

27日　星期二　晴

到五华，只讲一课，第二课因学生开会而停止。开校务会议。

28日　星期三　晴

上午开教授会，选出3名代表劝学生复课。下午3时学生在阅览室集合开会，会场内有许多墙报。开会发言时，学生们又将许多新的标语贴在教师的呼吁书前。讲话者都发出紧急呼吁。会议结束前，罢课委员会贴出通告，谓不久将提出答复。大部分教授离去，少数留下来。一个温姓学生以诗歌似的煽动性语言做了答复，××认为这是挑战，他以激昂的声调回答。听众反应愤怒，他们要继续罢课，我们失败了。一多上了讲台，将局面安定一下，他承担了不少义务。周鸿经先生从重庆来此，系教育部所派遣。我们在评议会上交换了意见。

29日　星期四　晴

昨日教授会决定发抗议书。今日又开教授会，起草抗议书。

30日　星期五　晴

学生走出校外做宣传，街头发生争吵、冲突和逮捕。被捕之学生不久就释放，未发生严重伤亡事故。

12月

1日　星期六　晴

军人及流氓攻击学校各部分,在师范学院掷手榴弹4枚。死亡3人,伤者甚多。[1] 开校务会议致电蒋、宋及朱。

2日　星期日　晴

上午开教授会,选出3位代表与学生磋商,并参加下午为死难者举行之追悼会。学生说追悼会后要游行。我们都很紧张。约有20来位教授参加了追悼会。余未往,但肃穆静坐二小时余,谴责自我之不良习惯,悲愤不已。访正之与叔玉。叔玉与××、芝生和枚荪谈话,并激动异常地劝告他们。我与叔玉长谈,谈到他作为中正大学校长与此次事件之关系。迟眠。

3日　星期一　晴

岱孙

开校务会议。晚人们来,就明日教授会之提案进行商谈。

---

[1] 此处提及事件指1945年12月1日于昆明发生的"一二·一"运动,最终有1名教师、2名学生、1名校工死亡,引起昆明学生罢课、游行。12月2日举行公祭,全国学生纷纷声援,掀起了全国性的反内战运动。

4日 星期二 雨

上午开教授会,就3天罢课进行了6小时的激烈辩论,最后做出3项决定,其中第一项是校方宣布停课一周,以表示对死难者之哀悼,二是要学生向受辱的同事表示慰问,三是向负责部门提抗议。会议气氛相当紧张,而且在讨论第一项决议时即有分裂的兆头。然休息15分钟后,局面有所好转。枚荪想出一折中方案,由杨今甫与汤锡予提出,结果相当不错。我疲惫不堪。读9月号《哈波斯》杂志上佩弗所写《中国的僵局》一文。此文虽写于抗日战争胜利之前,但相当尖锐而准确。最近事态之发展完全证实了作者的预言。在今天的会上,枚荪、奚若、一多与芝生的发言很明确。尤以芝生的讲话非常鲜明,这在平时是很少有的。

5日 星期三 晴 ⊗⊗

隐

上午到学生服务社取美军赠品。竟日批改学生作文。

6日 星期四 晴

采芷从学生服务社带来礼物。将学生作文带到五华,并领薪水。下午参加评议会,傅任主席。会议伊始,端升与芝生就因误解而大吵起来。端升提起评议会代表及4个谈判人所受到的批评,他在与会者面前解释不清究竟是怎么回事。故当他说是吴和萧批评谈判人时,芝生就大喊莫名其妙!此语将端升惹火了,他跳起来就往外走,我们将其拉住,傅一再说好话也无济于事。最后芝生向他道歉并同他握手,端升才勉强接受,但局面仍十分尴尬。

晚与叔玉打桥牌。

7日　星期五　晴

读《文选》。得岱孙信。下午进城访枚荪及蒋庆烺。怀念今甫。兑换美金10元。

8日　星期六　晴

岱孙

给岱孙发信。下午练习书法。晚桥戏。

9日　星期日　晴

上午访芷芬，其太太已抵贵阳。今日联大公祭4位死难者。余至灵堂向死难者致敬。灵堂布置肃穆有序，往祭者甚多。下午看潘天寿书画展览会，系指画，颇喜之。访韦季斌，遇韦太太。读《时代》等杂志，又读爱德蒙·辛诺特的《民主之生物学基础》（《耶鲁评论》），其主题为自由、进步和个性的关系，甚有道理。

10日　星期一　晴

上午涤非来访。勉仲来谈12月1日事件真相。出席教授会议。上午学生使傅大为光火，他要辞职。局面仍然严重。钱担心信心问题。我则相当悲观。

11日　星期二　雨　⊗

例行工作。晚写信。

12日　星期三　晴

冠英　绍虞　圣陶　乔俞　五华　翼孙

日常工作。罢课委员会二学生正式来访。我勉强地回答了他们的问题。这可能是不智之举，但我没办法。玉章今晚来访。

13日　星期四　晴　×

完成部分例行工作。近来做事进展迟缓。下午到高山铺购美军食品。晚到叔玉处打桥牌。倦甚。叔玉太太保管之美金已付完。

14日　星期五　晴

秉新

日常工作,去卖美军军用物资之黑市,欲购一罐桃子酱,但遍寻无着,只好购一罐葡萄酱。访韦季斌先生。

15日　星期六　晴　⊗

读完《文选》。晚桥戏。书法练习只完成其半。

16日　星期日　晴

上午洗衣并做杂务。练书法。晚叔玉来访。

17日　星期一　雨　×

上午开始读《文选学》。下午起至晚9时开教授会,会上傅与闻发生口角。

18日　星期二　阴

上午各系主任会见学生代表,并劝彼等复课。各系教授下午分别会见各自的学生。在我系会见时,一多态度妙极。晚在萧家桥戏。

19日　星期三　晴

下午开教授会,气氛不佳。晚读《生活》杂志,读关于达利的文章。

20 日　星期四　晴

上午复课，仅两名学生来上我的课。下午开教授会，会上乱哄哄，查讲话时，许多人嘘他。萧庆年来告诉三青团员，她知道大家坚持要罢课。继侗认为这是个阴谋，想瓦解文学所。了一看到姚嘘查讲话。内里可能有文章。继侗对此特别激动。

21 日　星期五　晴

上午到教室，无学生，气氛不佳。下午进城。二弟将回上海。

22 日　星期六　晴

岱孙

读《生活》杂志。下午开教授会，大家情绪颇平静，但看来仍很紧张。胡先生的建议起了不小作用。继侗情绪仍很激动，会后他请浦陪同去钱家，我不参与他们之事，并深感庆幸。晚上安安静静地，感到自己既冷淡又孤立，但也别无他法。

23 日　星期日　晴　⊗

传闻仍不佳。读《时代》及其他杂志。

24 日　星期一　晴

岱孙

练书法。去大学为岱孙领 5000 元，并交姚君 20 万元寄北平。入城打听岱孙旧大衣之价格。晚桥戏。喝果汁鸡尾酒，太甜了。梅校长约新闻从业人员参加茶会，他们拒绝发表我们所谈的 12 月 1 日事件真相，甚至将此事当广告也不接受。

25 日　星期二　晨降雪，下午晴

上午应梅先生邀参加讨论会，记者谓惨案经过系根据梅先生谈话而登载。参加于乃义之午餐会，为毕业典礼之聚餐也。下午叔玉邀桥戏。晚餐佳，疲倦。

26 日　星期三　晴

倦甚。出席教授会，效果不佳。一多再次缺席。晚上早憩。

27 日　星期四　晴

学生已复课。例行工作。

28 日　星期五　晴

日常工作。晚桥戏。阅《世界艺术史》一书图片。

29 日　星期六　晴　×

在萧家午饭。下午到市内买药。晚访端升。

30 日　星期日　晴

与继侗同访友，并去唐家花园赏花。晚写信。谨慎！小心！莫贪食！莫闲逛！

31 日　星期一　晴　×

岱孙　竹　乔俞　绍谷　璧成

上午进城，寄月薪给成都。晚饭于崔书琴家，并桥戏。

1946年

1月

1日　星期二　晴

上午阅杂志。下午出席梅校长新年招待会。在家中大快朵颐。至萧家桥戏。酒足饭饱之余，玩牌也太过分。连续三日迟眠。

2日　星期三　晴　×

完全按例工作，继续读《殷历谱》。

3日　星期四　晴

出席清华教授会，听取梅校长谈北平清华园情况。宜节制饮食。

4日　星期五　晴　×

下午访二弟不遇。与今甫谈平伯事。晚到叔玉家话别。疲倦。

6日　星期日　晴　⊗

例行工作。企孙主张继侗以清华复员委员身份去北平，并向梅先生提出此建议。我不由得产生一种冷落之感。晚拟试题。

7日　星期一　晴

上午文学评论课考试。福田下午归。练书法。准备明日讲课稿。

8日　星期二　晴　⊗

岱孙

上午到五华讲课，学生甚少。下午向继侗借4万元交福田，还家具费。邀福田饭于东月楼，菜佳。

9日　星期三　晴

昨夜失眠。表坏了。晨甫着衣，两学生上楼探视，询余是否得病，时已日上三竿，方知表误，且误考试。只得告以实情，并接受学生建议，考试延期至星期五上午9至11时。为此甚内疚。

多人来访福田，但彼未归，可能已走。读日文，看《殷历谱》。

10日　星期四　晴

上午整理福田衣物。下午应鸣歧邀打桥牌，错误甚多。多食不宁，致睡多梦。见福田，彼明早6时起程。

11日　星期五　晴

上午考试。练字并读《文选学》。开始编《语文零拾》一书。仲衡来打桥牌直至深夜。

12日　星期六　晴

上午徐毓枬来，谈翻译问题。下午访今甫话别。今甫推荐陈祖文翻译的《一个人的地位》。上午端升来询《时局宣言》起草要点，所提各点均表示接受，而今甫及汤则表示不同意。

13日　星期日　晴

上午洗衣并裱字画，又整理文稿。

14日　星期一　晴

编辑《语文零拾》。晚忙做饭，未做事。

15日　星期二　晴

整理完文稿。浦设宴招待康迪及余等人，饭后打桥牌，失误不少，但颇愉快，食量过多。今晚继侗酩酊大醉。

16日　星期三　阴　⊗

下午至晚写信。

17日　星期四　晴

实甫　隐　绍虞　千帆　静希　陈天恩　之彦　林松

上午转发岱孙信多件。午因改学生作文未睡，致五华上课归来疲惫不堪。晚饭后小睡。批改文学评论试卷，无力改中国文学史试卷，索性看《时代》杂志。

18日　星期五　晴　×

试卷阅完。接采芷信。昨天到邛竹寺远足伤脚。下午参加费正清先生的欢迎会，他太太兴致颇好。交谈人中，吴大猷英语流畅，但发音不够准确。参加光旦的晚餐会，菜肴佳，且多。因迟到故进食不多。归途中博士告以不能参加明日晚餐会,并告端公将宴请费正清,商谈梁太太移居昆明问题。归根结底,博士是在为自己辩解。

19 日　星期六　晴

近来肠胃不好,去注册处交学生分数并领补助费。看采芷,她情绪尚好。午酣睡。写信给妻,计算旅费。参加李储文餐会,此君善谈,为人甚好。继侗连续两晚主动谈话,甚得体。

20 日　星期日　晴

隐

上午与博士、继侗一起玩牌。下午胃不适。在上海酒楼晚饭,菜很糟而价颇昂,餐会失败。付予秀鹤美金 900 元。

21 日　星期一　阴

例行工作。读刘大杰《魏晋思想论》一书中有关清谈的一章。

22 日　星期二　阴后晴

上午读日语。下午到邮局汇款 5 万元。应金先生邀至五芳斋食点心。又到四荫里及国际公司访梦琴,他已迁居,地点不详。晚准备文学史讲稿。

23 日　星期三　晴

例行工作。忙于备课。仲邑来访并赠礼。

24日　星期四　晴

未进行例行工作。下午读《作家，社会科学的敌人》一文和梅艾肯（Meacken）的《美国的语言》续编第一册的书评。

25日　星期五　晴

三弟　竹　平伯　岱孙

未做例行工作。一多下午来访，向他介绍董庶。骏斋患伤寒。访达元，赠他一副纸牌和一盒香草。

26日　星期六　晴

夏君贤缺席。下午到五华考试。还书二册。在仲衡处晚餐，桥戏。工学院同仁要求乘飞机去北平，眷属当然要同等待遇。

27日　星期日　晴

访泽承、善周、毓枬。善周赠克里姆奶粉1磅，盛情难却，却很难为情。邀侯曙苍、于乃仁、于乃义晚饭，菜佳。从膺中处得知王克勤和迟习儒的病史。

28日　星期一　晴

头痛且胃不舒，疲甚。黄立天来访。

一多来访，谓彼已向梅校长正式提出辞职，希望我接替其职务。我推荐王了一，彼不甚同意，认为梅校长和冯可能不会接受了一。我们谈到浦，一多认为他常提出一些莫名其妙的建议，而且可能与学生相处不好。我决意不接受此职，但答允帮一多处理本学期的日常事务，因他确实太忙，在政治方面花的时间和精力太多。下午访骏斋。

29日　星期二　晴

杨西宜来谈重庆事。准备文学史讲稿。下午写信。

30日　星期三　晴

颉刚　梦琴

上午核对薪水及补助费，用时颇多。中午未睡好。访黄立天。芝生微醉，遭继侗抢白。彭允中还来阮诗，并借去《魏晋的清谈》。赴了一晚餐会，菜平常。饭后谈婚姻问题。迈先来信谓彼患肺炎时结识护士傅丽卿小姐，两人将订婚。

31日　星期四　晴

下午至南屏街寄二弟薪给。开清华评议会。芝生提出我担任中文系主任，当予谢绝并推荐王了一。参加达元晚餐会，菜佳。

2月

1日　星期五　阴
阅五华学生试卷。赴雷伯伦餐会,菜佳,谈话亦颇愉快。

2日　星期六　阴
涤非来。下午应达元邀打麻将,负之。立天来访。晚饭为等继侗而推迟,他已在友人家晚餐。此举违背诺言,博士为此不快,余亦有同感。仲衡来,打桥牌,子卿与俱,想起仲明对他的评价。今日颇愉快。下午见到采芷。

3日　星期日　晴
访金襄七,午餐甚美。饭后打桥牌,客有史姓者,牌艺颇精。访了一、冠英与君培。冠英上午曾来过。继侗明日去河口。宿城内,夜梦颇多。

4日　星期一　晴　⊗
到庄、雷、杨、萧、吴、闻、冯、潘、徐、梅及霍家拜年,在从文处午饭,他太太总是那么年轻。看李晨岚画。接常凤瑑信。下午与端升一起外出,见到他申斥女佣。访奚若,他得了心脏病。芝生来谈系主任问题,仍推荐了一。今日颇愉快。

5日　星期二　晴

今起恢复例行工作。读《殷历谱》。交仲明蚊帐一顶，请他带给襄七。

6日　星期三　晴　⊗

襄七　圣陶　祖文
例行工作。

7日　星期四　晴

迈先　逊生　梅公　竹
准备明日讲课稿。

8日　星期五　晴

秉新
例行工作。昨今两日摘记《殷历谱》。接岱孙信，对北平及清华颇抱悲观态度。

9日　星期六　晴

未做例行工作。购药。在"嚼芬坞"吃油茶，觉味道不如上次。赴杨业治母六十寿诞宴会。骏斋来访，他已向冯推荐冠英。我对他干涉教授任命之举颇不以为然，但未便表露，只说冠英是好教师，尤其是教大一中文最为适宜，此吾由衷之言。莤斋谈对黄炎培之抨击，颇新鲜，他对黄炎培及程天放之批评颇为尖锐。

10日　星期日　晴　⊗

岱　稷臣

上午阅诗稿。下午应达元邀打麻将，负之。

11日　星期一　雨

写古体长诗一首。例行工作。接梅校长信，请我出任中文系系主任。做完《殷历谱》札记。

12日　星期二　晴

例行工作。继续写诗。开始读王瑶文章，觉不甚满意。接平伯、千帆、冠英、子卿及岱孙信。买家具多件，为此甚喜。

13日　星期三　晴

千帆　平伯

例行工作。开评议会，走前钱来访。我知他不参加评议会，故未问他，只同他道别。不意在厕所又遇到他，为礼貌计，欲问他是否参加会议，继思此举可能引起误解，故只问他是否回家，答以不回；随之又问是否参加会议，他竟以冷淡和不屑之口气说"对不起，我失陪了"。他以玩笑口气一笑置之，但我却不能。休会时，等待近一小时。我携新诗，本拟给梅和冯看，但终未拿出。此乃对我浮躁愚蠢之一大胜利。潘光旦对此诗评论谓难与其他诗韵相配。此种不着边际的外交辞令，提醒我不要拿给梅和冯看，特别是冯，他绝不会赞赏我。离开梅的办公室时，无意中听到冯正同他商量中文系主任的人选。

14日　星期四　晴　⊗

竟日准备文学史讲稿。下午崔书琴来,就了一旅费问题提出建议,甚不妥,为此颇不快。访仲衡,听到传说甚多。

15日　星期五　晴

参加王瑶口试。对自己不了解情况甚烦恼。知识不扎实,年龄大,致使记忆力衰退,虽读书,但记不住要点,实在可悲。请江清看我的诗,他一目十行,匆匆一阅。他近来确太忙。

16日　星期六　阴　⊗

读《时代》。参加冠英晚餐会。子卿来,对我的诗未置一词。访林徽因。

17日　星期日　晴

体重109磅。竟日看《时代》。谢绝戴的茶会,据说会上将成立某协会之类组织。

18日　星期一　晴

岱孙　隐
例行工作。读郑振铎的《中国文学史》。

19日　星期二　晴

到五华讲课,采芷与物理系王助教同来。给她看闰生的信,信中谓效武于1月13日出走,闰生见到她走过我家,但未能劝归。决定给文藻回信,劝他们不要再逼她,并承认她的婚姻。不论何时回来,都应给予安慰。闰生颇有志于新闻事业。赴庄的餐会,遇周子靖及方刚。读郑振铎《中国文学史》。

20日　星期三　晴

下午到图书馆查参考书。晚继续读郑振铎的《中国文学史》。

21日　星期四　晴

在图书馆查资料费时颇多。戴小姐来，请下星期四晚去基督教女青年会讲课，诺之，并定题目为《论兴趣》。采芷来。端升对浦说黄浦系对CC系可能在搞阴谋，借口东北问题破坏国民党与其他党派的协议，这必将给苏联提供对政府施加压力之机会。苏联现已采取强硬态度，因美国人要派军队去东北帮助日本人撤退。

22日　星期五　晴，下午有暴雨　⊗

例行工作。继续摘记《格式塔心理学》。许醒农来谈李宗黄及死难者的丧葬费问题。对前者学联会拟罢课一天，我对此表示同意，并同意教授提出抗议。在对东北问题的代电上签了名，内容颇简单，不涉及内政，调子亦平和。博士谢绝签名。泽承以绝句5首见示，读之甚喜，博士则不然，而子卿却颇欣赏。

23日　星期六　晴

访梦琴。彼任民政局秘书，因腿病正休息，对绍谷颇不满，并谈及湖南省省长薛岳在职时情形，揭露了中国官场的弊病。在梦琴家晚饭。为买灯泡费时甚多。

24日　星期日　晴　⊗

读《隋唐制度渊源略论》稿。下午参观齐白石画展。有三幅颇美，尤以《蟹》与《烛》为最。晚写信。阅五华学生试卷。

25日　星期一　晴　⊗ ×

二弟夫妇　闰儿　隐

例行工作。肠胃病须注意！图书馆前学生开宣讲会，伯伦似为首者。会后游行示威，队伍中联大学生不多，大部系外校者。看来整个事件皆由国民党事先策划。

26日　星期二　阴晴不定

下午参加校志委员会茶会，讨论纪念碑问题。晚读《隋唐制度渊源略论》稿。开始读罗根泽的《晚唐五代文学批评史》。学生们写《呜呼！大学教授》的布告，对此颇感不快。继侗认为这是把学生只当作孩子的缘故，实际上其中或许隐藏着敌人也未可知。此话有理，使我警醒。继侗并就外蒙古之现状，发表对俄态度之新见解，语皆甚重要。

27日　星期三　阴晴不定　×

处理部分例行工作。联大学生出一份墙报，抨击教授关于东北问题的宣言。

28日　星期四　晴　×

工学院学生来北区示威，为三名理事受记过处分事。闻晚间学生全体大会决定罢课。在女青年会做关于兴趣问题的讲演。参加仲衡的生日晚餐会。

3月

1日　星期五　晴　×

今日学生罢课。校方答复考虑他们的要求,如果他们不处分上次未参加罢课的学生,校方亦可撤销对三代表的处分。此举虽就纪律而言颇软弱,但从目前情势看却是明智的。去学校领薪金与补助费。银行下午3时半关门,我去晚。墙报载张善夫已死。甚感厌倦和沮丧,生活无谓,颇思一死了之。备课费时颇多。读《晚唐五代文学批评史》。

2日　星期六　晴

读《文选学》和《晚唐五代文学批评史》。下午为岱孙记账。参加梅先生晚宴,主客为唐、罗、刘三人,他们都是纪念碑之设计者。

3日　星期日　晴

参加吴蕴珍葬礼。浦未参加,同室三人听他宣布后沉默不语,情绪沮丧。葬礼简朴,但庄严肃穆。吴成义致悼词,为黄子卿手笔,效果甚好。继侗听后涕泪纵横,其情真挚可贵。我像吴、萧和杜一样很钦佩他们的心腹之交。近来方感容忍之难,并尽力克制。须冷静对待不快,对一切取超脱态度,处之泰然,甚至玩世不恭。读王瑶文章。浦迁走。黄来访,共谈境遇。我自我剖析,深感应对自己进行一场革命,以丢掉自私与懦弱。晚写信,颇惫懒。

4日　星期一　晴　✕
秉钧　岱孙　钧石
寄钧石扬州月薪4万元。下午读王瑶文章之最末一章。例行工作。

5日　星期二　晴　⊗
凤瑑　伯潜　岱孙
下午去云大图书馆查资料。晚准备讲课稿。

6日　星期三　晴
岱孙
下午到云大图书馆准备文学史讲稿。晚摘记王瑶文章。

7日　星期四　晴
下午去云大图书馆查资料。摘记王瑶文章。

8日　星期五　晴　⊗
摘记王瑶文章。下午对王瑶进行日语考试,已通过,归还文章。到圆通公园观海棠及碧桃,甚盛。疲倦,未得午睡故也。

9日　星期六　晴　✕
读《宋元戏曲考》,书中舛误甚多。出席张达卫先生与刘承兰女士的婚礼，应邀做证婚人。遇张信孚太太，彼颇善交际。

10日　星期日　晴
改学生作文。晚写信。

11日　星期一　晴　×
下午访秦。读完《宋元戏曲考》，读《中国俗文学史》。

12日　星期二　晴
绍虞　圣陶　胡德润
例行工作。下午整理衣物。端公来访。继侗误解了企孙的话，因而反应强烈，企孙对此颇难忍受。

13日　星期三　晴
到云大图书馆查资料。阅学生试卷。读《中国俗文学史》。

14日　星期四　晴
读《中国俗文学史》，致无暇准备讲课。迟眠，倦极。

15日　星期五　晴
参加庄为王士倬所设早餐会，食品甚精致。阅学生试卷。读《中国俗文学史》。开始准备文学评论讲稿第四章。

16日　星期六　晴　××
本周未完成例行工作，甚无秩序。晚访冯钟芸，交文章三篇。

17日　星期日　晴

理发，张友铭为付费。下午至晚写信。阅学生试卷。

18日　星期一　晴　⊗

培源　隐　公权　谷君　桂蕊　龛庭　祖文　蕴毅　实甫　千帆　平伯

例行工作。准备讲课。

19日　星期二　晴　×××

呕吐甚重，下午休息。

20日　星期三　晴　×

访明之不遇。归还不了岱孙之款及美金。准备文学史讲课。

21日　星期四　晴　×

忙于准备讲课，十分紧张。

22日　星期五　晴　×

下午参加施子愉的毕业考试，结果甚好。晚遇雪屏，为述补习班事。归来重述其事，继侗在自己房内，其后对雪屏提出严厉批评。

23日　星期六　晴　⊗

忙于批改作文。

24日　星期日　阴晴不定

下午应金邀打桥牌，并在此晚餐，菜佳。

25 日　星期一　阴晴不定　⊗

准备讲课稿。

26 日　星期二　阴晴不定

准备讲课稿。

27 日　星期三　阴晴不定

阅学生作业。

28 日　星期四　阴晴不定　×

读郑著《中国文学史》。准备文学批评的讲课稿。

29 日　星期五　阴晴不定

读何上的《两个爸爸》，情节紧凑，但高潮处不佳。读郑的著作。

30 日　星期六　阴晴不定

下午到学校取月薪。读闰生信。晚读郑著。

31 日　星期日　阴晴不定

在吴家打麻将，输 2000 元。准备讲课稿，忙甚。下午白寿彝来访。

4月

1日 星期一 晴

准备讲课稿。

2日 星期二 晴

准备讲课稿。

3日 星期三 晴

开校务会议,会后晚餐。就任清华中国文学系主任。

4日 星期四 晴

下午开清华评议会。出席采芷与永良之订婚典礼,并讲了话。做现代父亲不易,须同时是爸爸和朋友。祝他俩甜甜蜜蜜(当时忘了"如胶似漆"这句成语),相敬如宾。仪式后一直玩至10点。

5日 星期五 晴

准备讲课稿。

6日 星期六 晴

去五华讲课,谈中文系情况,出了几处纰漏。改学生作文。

7日　星期日　晴

参加黄宪儒之午餐会，继侗大醉，说话颇多。

8日　星期一　晴　×

准备讲课提纲。

9日　星期二　晴

准备讲课稿。下午李希泌来，得知王瑶与某女生恋爱事。

10日　星期三　晴

王瑶来谈他的恋爱事，目前停滞不前。阅卷。

11日　星期四　晴

准备讲课稿。

12日　星期五

下午开教授会，定6至9月继续上课。向先生嘲笑并反对此决定，我对此决定也不以为然，许多同仁亦有同感。有200余名学生游行示威反对此决定，要求梅先生讲话，被拒绝。有个同事见他偷偷弹泪。汤佩松向学生讲了话，始于7时半散去。学生此举殆不祥之兆欤。

13日　星期六　晴

邀博士午饭。准备讲课稿。

14日　星期日　晴　⊗

两毕业生于毕业欢送会上指责梅先生和衮衮教授诸公,谈及迁校和罢课问题。完成中国文学史讲稿。

15日　星期一　晴　⊗

中英　文光书店

下午对王瑶进行论文考试,结果得84分。昨日一多在联大校友会演说词中提及憎恨母校,梅校长为此震怒,欲将一多解聘,余对此表示了反对意见。

16日　星期二　晴　⊗

竹　梦雄

读施子愉论文《唐代科举制度与文学》。

17日　星期三　阴　⊗

下午开校务会议,议决旅运会等事项。寒冷。

18日　星期四　雨

芝生

访冠英和了一,共同讨论教学计划。决定提出设立文法和词典专业,由了一负责,并请冠英准备中国文学史第四部分。阅施子愉论文。接闰生信,对王的处境甚为担心。

19日　星期五　晴

芝生　二弟

王瑶来,托他为二弟汇款。施子愉来。准备文学评论课。

20日　星期六　晴

上午遇镇淮，与谈其职务与工作问题，并请他转告施明日勿设宴。下午访浦与梁太太。遇 Y. 张，他对何颇有成见。传说西安集结军队甚多，内战将重起。与何、萧打桥牌。

21日　星期日　晴

钟芸　冠英

改学生作文。下午范宁来。

22日　星期一　晴

参加施子愉的论文答辩。讨论下学年课程设置。骏斋指出我的工作作风颇有临战味道。

23日　星期二　晴　⊗

骏斋来谈系务，接受其意见。参加萼邨之晚餐会，菜尚可。遇应元岳大夫。

24日　星期三　晴

迈先　闰生

出席施子愉宴会，菜不佳。

25日　星期四　阴晴不定　⊗

进行考试。下午至晚写信。

26日　星期五　晴

平伯　岱孙　黄大白　圣陶　中英　千帆　钧石　斐云　冠英

钟芸　文光　芝生　梦家　世昌

偶阅奥登（W. H. Auden）作品，书名为《圣诞圣乐》。李继侗对检查校方账目很感兴趣，对此发议论甚多。

27日　星期六　晴　⊗

看学生的志愿书，北大中文系得学生55人，而清华仅得4人。读奥登的《大海与镜子》，系对莎士比亚《暴风雨》一剧的评论。

28日　星期日　晴

漫无目的浏览群书。

29日　星期一　晴　⊗

下午到航空公司，定14日飞重庆。访江清及雷伯伦夫人，称得109磅。

30日　星期二　晴

漫无目的地看书，颇显忙碌。

5月

1日　星期三　晴

到司家营整理书籍，得王瑶帮助，甚感。

2日　星期四　晴　×

雇车装书，累甚。出席吴达元夫妇结婚10周年宴会，胃不适，晚睡眠不佳。

3日　星期五　晴　×××

昨夜至今早呕吐不止，今早尤多，感酸味甚重。参加同文学会，学生发表各种批评言论，均为一多所提议者。下午参加大一国文会及清华的主任会议。晚参加文艺晚会，以丏尊为题发表演说。

4日　星期六　阴晴不定　×

下午出席欢送会，江清指挥唱《离别曲》，效果绝佳。蔡卫芬讲话，幽默而真挚。下午冯钟芸来访，颇拘束，共讨论官本杂剧及戏文，谈戏文时始稍活跃。别时借走《文学》。

5日　星期日　雨

范宁　膺中　德熙

阅学生作文。

6日　星期一　晴　⊗

阅试卷。领薪金及补贴。读钱锺书的《猫》一文,就现时而论,此文过于玩世不恭。然杨绛的《怀归》甚佳。

7日　星期二　晴

归还图书馆书籍。

8日　星期三　晴

读俞铭传诗30首,乃唯感派之作。读彭允中文章。

9日　星期四　晴　⊗

下午清华评议会开会,决定推荐李赋宁及王浩两人为美国国务院奖学金候选人。

10日　星期五　晴　⊗

读张燕侔文章。

11日　星期六　晴

竹　闰生　三弟　星野　学濂

去司家营。参加博士所设餐会,听 Y. 张讲故事,甚有趣。

12日　星期日　晴　×

写信。继续抄写拟售书目录。参加省商会及市商会举办的晚宴。

13日　星期一　阴晴不定　×

培源　闰生　文藻　武览

领薪水及津贴。访冠英和了一。了一迁居。

14日　星期二　阴晴不定　×

钟芸　德熙　志能

参加徐绳祖、王政、倪中方及姜亮夫之晚宴,与主人徐绳祖握手。卖书籍予五华。

15日　星期三　阴晴不定

昨晚睡眠不佳。下午清华开教授会,选出评议员9人:李筱韩、朱、刘寿民、汤佩松、杨武之、雷海宗、赵访熊、袁复礼、陈福田。梅校长签署了我的北迁申请表。

16日　星期四　阴　×

慎予　翕庭　诗英　祖文　中英　本栋　平伯　志岳　抚五　了一　冠英　清常

彭丽天来,望余给王抚五及了一每人一信,以助彼就业,然彼对此似无所谓。

17日　星期五　阴

上午冠英及骏斋来访。访郭毅庵及李丹忱,在郭处午餐。参加清华评议会。赴钱的餐会。在赵家打桥牌。访熊之女甚可爱。接马星野电报,允为闰生帮忙。

18日　星期六　晴

还图书馆书籍二册。与采芷谈效武婚姻问题。永良帮助发电报三通(文藻、星野、吴运楠)。参加仲衡晚餐会,并打契约桥牌。吴运楠住址:南京中华门东小门口51号。

19日　星期日　晴

星野　闰生　文藻

整理行李。

20日　星期一　晴

世昌

欲整理行李,但一直不得安静。

21日　星期二　晴

善周

去清华询问能否帮助申请由重庆至北平的飞机票。整理书籍并装箱。开始把带不走的东西卖掉。

22日　星期三　晴

善周　钟芸

整理大件物品。下午参加院系主任会议,议决研究所及二、三年级招考事。访吴正之夫人及仲衡。

23日　星期四　阴晴不定

文藻　竹　膺中

访闻，请他拟考题。访冯，存衣箱于彼处。收拾书籍，检查各箱内所装物品。

24日　星期五　阴晴不定　×

钟芸　雪山

发现眼远视，已半年多，睡眠不足故也。

作诗三首，其二为《华年》：

明眸皓齿驻春魂，一笑能令斗室温。

犹忆丽沙留片影，到今赢我百思存。

玉润珠圆出自然，称身裁剪映华年。

街头两妹连启撷，一段天真我最怜。

访一多、芝生。到学校请求薪金及旅费事。

25日　星期六　阴晴不定

叶兢耕来访。镇淮来长谈，讨论文学问题。冠英来访，要我写信给赵世昌，说我们只要两只箱子。并告任先生曾手持铁棍警告冯小姐的一位男朋友，为此冯与他争吵多次。镇淮对任的研究心理学颇表怀疑。

购物。访梦琴并出席他的餐会，遇其同事潘忠，鲁也在场，他党派成见甚深。徐指责胡适先生，我欲反驳，旋作罢。他讲了叶天赐的一段逸事，甚有趣，但有些做作。

26日　星期日　阴晴不定

写信。下午访金及林徽因，停留时间过长。得梦家信，他下学年回不来。

27日　星期一　阴晴不定　×

王力　梦家　张环　平伯　同和　振文　钦立　岱孙

领旅费、薪金及补贴，汇成都薪水。杨天堂邀看彝族舞蹈，但演出因政治原因而停止。

28日　星期二　阴晴不定

岱孙

继侗离去。寄岱孙款。整理书籍。晚观彝人舞蹈，颇有趣。

29日　星期三　阴晴不定，有暴雨

赴黄万杰午餐会。读岱孙《论本能与表达》一文。采芷与永良来，他们将去贵阳结婚。

30日　星期四　晴

岱孙　二弟　竹

整理书籍。上午永良及采芷来为我照相。下午访思成。

31日　星期五　晴

上午收拾抽屉。

6月

1日 星期六 晴

范宁 善周

上午到系办公室交书籍。缓运之9包置清华第七箱,急运之6包置了一及江清箱中。下午子愉及骏斋来访。

2日 星期日 阴晴不定

善周 岱孙 范宁 德熙 李希泌

读《性心理学》中译本。行李过磅,检查售出物品账目,烦甚。给范宁4000元,请他代购几本新诗集。

3日 星期一 晴 ⊗

上午到办事处交付行李。萧庆荓来取走叔玉之书箱,为此甚慰。给永良40万元。下午送修烟斗。访江清。参加李希泌的晚餐会,见其太太。

4日 星期二 阴晴不定

林太太邀看演出。请永良和采芷午饭。患疟疾。杨天堂来访。

5日　星期三　晴

上午访冠英、松筠。自一多处得试题。下午参加徽因的生日茶会。疲倦。卖家具。

6日　星期四　晴　×

在五华主持考试。检查中文系待运书籍。善周颇干练，而冠英和兢耕却效率甚差。尤其是冠英，甚至对中文系的书箱都未编号，只将我的3箱书装好编号。下午来客甚多。

7日　星期五　晴　×

上午交付行李3件。下午读《性心理学》。

8日　星期六　晴

平伯　祖文　镂青　中央图书馆

去五华领薪。江清来，示意注意杨遇夫问题。参加仲邑餐会，为酬谢编中文教科书目而设。曹甚索然无味。开始寄希望于虞慕陶，他对中文教学甚认真，且博览群书，有进取心，晚摘记《隋唐制度渊源论略》。

9日　星期日　晴　⊗

萧成资来访。阅毕学生试卷，又做了许多事，写了许多信。

10日　星期一　阴晴不定　⊗

物华　竹隐　岱孙　叔玉　健吾　振铎　子政　慕陶

上午访吕元章及一多，与一多谈杨遇夫问题。交黄阁家照片一帧。写信多封。还游书。

11日　星期二　阴晴不定

访七哥。下午整理行装。读完《性心理学》、范宁和杨天堂文章。写信。

12日　星期三　阴晴不定

星野　晏堂　秉新　圣陶　锡侯

上午善周来，他已把研究所事务处理停当。交药给仲衡。列出箱子装物清单。访莩邨和梦琴，均未遇。杨天堂来做长谈。

13日　星期四　晴

上午到五华主持考试。后访莩邨不遇，访骏斋。下午阅试卷。与徽因、奚若及伯伦话别。又与仲衡、业治、光旦及一多话别。访万杰。

14日　星期五　晴

恒寿　王瑶　梅公

访钱震和沈。仓促赶至中华航空公司，又急忙至机场。等西康方面来飞机达3小时，晚宿聚元村22号。

15日　星期六　阴　×

上午访雪山及子恺。将外套交雪山。参加三校叙旧晚宴。

16日　星期日　阴雨　×

晨乘长途汽车，编号上车。前排为一对讲泸州方言之夫妇，盖世太保也。座旁为一讲本地方言之女子。在永川镇午饭，未到榨木镇天即降雨。等渡船两小时，一辆青年军汽车定要走在我们前面，他们大概看准我们的车要出毛病。果然，离内江不到一公里，司机发现两个车胎坏了，只好停车，雇人力车到镇找旅舍住下。两小时后，汽车方到并卸下行李。劳累不堪，致吃的一碗面全吐光，赶紧休息。大雨彻夜不停。

17日　星期一　雨　×

竟日降雨。在球口[1]河午饭。6时顷抵成都。归来始知竹住院，所幸病不甚重。整理书籍，情绪不佳。

18日　星期二　晴　××

去刘大夫医院看望妻，她很衰弱，大夫称她心脏甚弱，建议在医院多住一日。出医院途遇中英，邀参加昆曲晚会。休息片刻，去张家，见石荪等人。演出佳，尤以王颂椒小姐演技为佳，身段优美。

19日　星期三　晴　×

晒书。竹归来。单传渊来。

20日　星期四　阴　×

休息。下午四姐来。

21日　星期五　阴

访石荪、中舒、李夫妇、张、谢、钱。千帆来访。

---

[1] "口"为原文无法辨认处。余同。

22日　星期六　阴　×

访雨僧、守愚、俞太太、刘明扬、秦太太、张太太、王、秦、汝仪、琼如及四姐。

23日　星期日　阴晴不定

马大姐来。单传渊亦来。访祁太太。参加程千帆夫妇之晚餐会，遇刘宏庆、曾圣言、胡稼贻及朱亮实等人，石荪亦在座。兴致甚好。

24日　星期一　阴晴不定

采芷　钟芸　鸣歧　物华　闰生　星野　克敬　公权　仲衡　毓枥

上午写信。参加石荪之午餐会，菜佳。七嫂、张东泉、秦大姐、刘大夫参加竹隐的生日晚宴。

25日　星期二　雨　×

读侦探小说。赴雪舟餐会，遇颜寿伯。

26日　星期三　雨　×

钟五婶来。在金家晚饭。读侦探小说。

27日　星期四　阴

访马大哥、吴景伯、钟五伯、程千帆、殷孟伦。阅报惊悉罗伯文昨晨去世。他一向身体健康，不意竟死于脑充血，可叹人生！访平老太太，她孤苦伶仃，一人在家，年迈之人，真是可怜。想起唐心玉对妻的攻击。

28日　星期五　晴　×

南克敬来,长谈。赠他清华大一英文读本。读侦探小说。

29日　星期六　晴

读完侦探小说。参加吴景超夫妇餐会,遇陈侯德,颇友善。菜甚佳,致食逾量。

30日　星期日　晴　××

彦堂　平伯　伯伦　恒寿　柳漪　丹忱　毅庵　尚岩公权

上午写信。下午访祁家。后参加朱梅君夫人的晚餐会,与石荪长谈,十分钦佩他的勇气和理想。吴景伯谢绝到重庆的演讲会,并加以委婉之讽喻,闻之令人感动。菜佳。

7月

1日　星期一　晴

骏斋

接骏斋信,谓 S. N. 杜已得委员长允诺,将派专机为我们空运。抄写我的诗作。进城干洗衣服。访彭雪生和琏髣。去荣乐园赴彭的餐会,客有劼人、太玄、涟波、时珍、公权、宾田、雨僧、文通和石荪。已告彭我不去重庆,但他坚持暂不谈此问题,留待以后决定。文通说他从《道藏》中得到失传的成玄瑛《老子疏》,并已制成平版。甚有趣。

2日　星期二　阴

写诗。下午念生来。闻秦宣夫在成都。

3日　星期三　雨

柳漪　江清　采芷　项瑶　云生

下午写信。昨晚睡眠不佳!一是晚饭后饮绿茶,二是妻未归,宿于祁家。

4日　星期四　大雨

写成诗稿,为此甚喜。读完《巢经巢诗集》。

5日　星期五　晴

振文　岱孙　梦琴　公权

和公权韵成诗一首。写数信。读《放原诗集》。

6日　星期六　晴

进城取所洗衣服。到拍卖行，欲觅一灰色上装，未得。洗妻与孩子们的照片。去邮局询寄北平包裹邮资。到中华航空公司。

7日　星期日　晴

写成诗抄序，不甚满意。与妻及孩子照相。参加刘景源、郑学经及苏景煊之午餐会，遇守愚。参加罗念生之晚餐会，遇宣夫，餐后邀他来我家，相谈甚欢。

8日　星期一　晴

学濂　云生　周屏山　陆树德　钟芸

写信。抄写《诗选》前言，校正用时颇多。下午去中华航空公司并购物。

9日　星期二　晴

访刘明扬，不遇，访宣夫，亦不遇。读侦探小说。

10日　星期三　阴晴不定

于文烈　万杰　希泌　公权　傅尚岩

再访刘明扬，仍不遇，只好留一信，请签署去重庆机票的申请表。为林大夫祝寿，并在彼处午餐。

11日　星期四　阴 ⊗
读完乔纳森·拉蒂默的《资料室里的小姐》。

12日　星期五　晴
兢耕　黄元亮　刘治乾　王叔培
从陈代毅处领取50万元。遇拾遗。黎宗献和南克敬来访,遇于九眼桥,然后同去一茶馆谈话。他邀我于21日上午9时为联大校友讲话,允谈以联大现状。开始写《动乱时代》。

13日　星期六　晴 ⊗
文章写成。傅尚岩来访,印象不错。

14日　星期日　晴 ×
凤元　慰堂　小孟
单太太及国平来,谈5小时。参加曲会。

15日　星期一　阴 ⊗
钦立
写成纪念丏尊文章《教育家的夏丏尊先生》。下午购物。

16日　星期二　晴
祖文　明扬　雪舟　星野
昨晚写成《语文零拾》序。写成《关于月夜蝉声》一文。

17 日　星期三　晴，酷热　⊗

……报载，一多于 15 日下午 5 时许遇刺，身中 7 弹。他的三子与他在一起，亦中 5 弹。一多当即身亡，其子尚未脱离险期。闻此，异常震惊。自李公朴街头被刺后，余即时时为一多的安全担心。但未料到对他下手如此之突然，真是什么世道！

18 日　星期四　晴，晨大雨　⊗

闻一多夫人　伯伦　兢耕

上午写信并写稿。下午开始读罗杰·弗莱的《视野和构想》。晚看到《新民报》关于飞机的消息，想到有必要整理行装。晚写信。读孟实的《陶渊明》。

19 日　星期五　晴　⊗

镂青　圣陶　健吾　朱孟实　祖怡　三弟

林声铮来访，请我写一纪念一多的文章，当即允诺。读弗莱著作。

20 日　星期六　晴

隐整理行李。写《闻一多和中国文学》一文。

21 日　星期日　晴

钟芸　骏斋　傅尚岩

到威仪为乔做外衣。参加西南联大校友的闻一多追悼会，并做了《闻一多和中国文学》的讲演。追悼委员会就致闻夫人电稿的措辞展开了激烈的辩论。其中的 8 个委员邀我在静宁饭店午餐。访雨僧和赵守愚。赵谈了云大的政治运动情况。之彦告苏联解散第三国际。

22日　星期一　晴　⊗
上午收拾小包裹。下午写信，写稿。

23日　星期二　晴　⊗
林仲铉（声铮）　圣陶　了一　朱抚膺　石苏　陈孔昭
去邮局寄书17包。下午妻收拾大包裹，家里甚乱。读弗莱著作。

24日　星期三　晴　⊗
千帆
到邮局寄大包裹三件。国平及学卿来。

25日　星期四　晴
永良　采芷　平伯　石苏　恒寿　继侗　啸威　江清　岱孙　慰堂　立鹏　骏斋　海家
读弗莱著作。廖夫妇来访，着意款待廖新玉小姐。

26日　星期五　晴
善周
还部分家具。参加邓岳康的座谈会。

27日　星期六　晴
访陈代敦先生，取存款。在财务问题上，他确是好助手。下午读弗莱著作。

28日　星期日　晴，晨骤雨

物华　小孟　胡校长

与四姐、之彦、马大姐共照相。之后访千帆，长谈。昨日文藻来信，得知效武于7月22日（旧历六月二十四日）得一男孩。

29日　星期一　晴　⊗　×

赴志和的生日宴会。

30日　星期二　晴　⊗

孟伦

到邮局及中航公司。访拾遗不遇。访余中英太太。参加王伯涵、王印君和王少炎的晚餐会。伯涵谈话甚有趣。

31日　星期三　晴　⊗

迺桐　圣陶　伯伦　骏斋　三弟

应余太太邀，携乔一起与她乘车到灌县，宿于灵岩。观赏周围景物，遇灵岩书院院长李源澄先生。得一宵清静。

8月

1日　星期四　晴

在灵岩书院讲《现代散文之发展》。遇秦佩珩，同游天师洞，并到上清宫。途中体验到"青城天下幽"（吴稚晖语）的意境。在降魔石附近兴致极高。登青城第一峰，见到神灯。

2日　星期五　晴　⊗

返离堆公园，游伏龙观，访二王庙和希望桥。在县长家午饭，县长太太款待。出席王孟甫的欢送会，得知宋涟波将去上海。

3日　星期六　晴

梅君　传西法师　康昔侯

南克敬来，写纪念册。写成《中国学术界之损失》一文。

4日　星期日　晴

健吾

上午出席北大校友会，刘明扬为主席。孟实讲话，谓北大为唯一可研究学术的地方，舍清华于此外。我随之讲话，以幽默方式强调集体之友谊。在近城园参加李应潜、朱熙文、何远定、孙永康和南克敬诸人的午餐会。我做了悼念一多的简短演说。当场群起为一多家属捐款,立即得 17 万元,但雨僧未捐助。

5 日　星期一　晴　⊗

昨日遇裴亮中,今晨来访,晤谈甚欢。下午写信给闻一多太太。

6 日　星期二　晴

闰生　了一　子雄

访刘明扬,仍未遇。购物,赴四姊和一弟的午宴。

7 日　星期三　阴有阵雨　×

昨日读完弗莱著作,并未解决美的本质问题。到石荪、善雄夫妇及念生处话别。

8 日　星期四　阴晴不定　×

参加亮中在静宁饭店所设宴会。到客有梁举庭(骧)、丁贤书(贡知)与胡鹏。丁甚善奉承。回访刘君、张景卿。刘明扬来,惜我不在。订不到去重庆机票。幺弟、汝仪来访。清华同学会分会主席拒绝参加李公朴和闻一多的追悼会。

9 日　星期五　晴

企孙　又荪　祖怡　公权

上午得企孙及又荪陷电,促重庆之行。参加李、闻追悼会筹备会,朱懋庸为主席。下午访守愚及雨僧,邀雨僧至撷英晚饭。

10日　星期六　雨　⊗

应李梦雄夫妇邀到望江楼午餐。志和与琏髣来访。与秦家共进晚餐。

11日　星期日　阴雨

云生　广田　林抡元　绍虞

到朋友处话别。未订到飞机座位。参加张太太午餐会,之后参加罗文谟晚宴。自孟实处得知15日有去北平之飞机,为此深为不快。人生不自由,信然。

12日　星期一　晴　××

读完念生所译《特维德兹》,译得颇好。开始读伯纳米·多布雷的《现代散文体裁》。写信给念生。

13日　星期二　晴

写成《陶渊明》序言。读多布雷著作。

14日　星期三　晴　×××

念生

上午读多布雷著作。应图书馆同仁邀到竟成园参加宴会。与钱实甫长谈。乘船归来,河岸景色宜人。

15日　星期四　晴　××

上午读多布雷著作。下午参加刘大夫晚宴,遇唐庆永。菜中有燕菜、鲍鱼、鱿鱼及海参等4种海味。

16日　星期五　阴晴不定，暴雨

继续读多布雷著作。痛失一多，作悼诗一首如下：

你是一团火，

照彻了深渊；

指引着青年，

失望中抓住自我。

你是一团火，

照明了古代；

歌舞和竞赛，

原始人群力如虎。

你是一团火，

照见了魔鬼；

烧毁你自己——

遗烬里爆出个新中国！

参加张荪及罗汝仪餐会，席间遇缪钺。

17日　星期六　晴

上午毛楚清来访，谈保险业。读多布雷著作。下午应弢英之请作贺诗：

旧业说金张，新婚胶漆行。

同窗研货殖，负笈治梯航。

锦水明双璧，中秋艳画堂。

遥期共圆月，额手举壶觞。

上午访李铁夫不遇。

18日　星期日　阴晴不定

出席闻一多和李公朴的追悼会，发表讲话，谈闻一多生平。后归，应单家邀午餐并暂住。

19日　星期一　晴

由蓉赴渝，送行者有少炎、玉如、云波、永懿、马大姐、四姐、金锡菱、之彦、祁太太及袁大娘。在内江休息。

20日　星期二　晴　×××

傍晚抵重庆，宿于生生花园。

21日　星期三　晴

七嫂　马大姐　云波　志和　梅君　少炎　单老太太　之彦

上午到招待所访友。下午到市内，给余中英的孩子送余的信及其他物品。回宿舍后写信。

22日　星期四　晴　×

访秦家诸兄弟。去行李处询问。访章雪山并取回行李。刚如来告登记机票之新规定，须待一个月。

23日　星期五　晴　××

梅校长

上午寄包裹。归来称得体重107磅（或47.5公斤）。访郭滨海（《大公报》）、田伯萍（《新华》）、唐弘化（《民主报》)，谈一多之生平。晚广田、其芳来谈。

24日　星期六　晴　⊗

植庚　马忠　芝生　石荪　石璞　图书馆同人　骏斋　王瑶　襄七　岱孙

上午访陈志中，陈为武训学院之创始人。请陈题词。

25日　星期日　晴　××

来客甚多。茅涧宾、张行健（大中）及廖世洁（《时事》）来。张与廖谈大学教授之生活。后莫一钧来。访李真安（青年军）。静之来，长谈，共进晚餐。

26日　星期一　阴　×

子愉　膺中

晨读书。上午购物。参加中国文协重庆分会为广田和我所设宴会，分会主席沈起予。遇艾芜、力扬、邵子南、罗赞渔（陈和山）、罗克汀、谢韬、聂绀弩、柳倩及唐弘仁。

27日　星期二　阴　⊗

访范哲贤。余中英请在临江路俄国大餐馆午餐。下午游都邮街，并访陈述明。竹甚疲倦。莫一钧、黄金印（图专）来访。

28日　星期三　雨

刘道相来访，出乎意外。他暂住牛角沱40号。读完《夜歌集》，何的作品以新运动为方向，为通俗散文体。晚李广田、何其芳来访。

29日　星期四　阴晴不定　×

琼如　幺妹　志和夫妇　云波

下午购物。上午写信。

30日　星期五　晴　×

访刘迺相,并去中一路看住处。下午游新生市场和民生路,购奶粉5磅,蓉整夜咳嗽不止,致难入睡。

31日　星期六　晴　×

毓英

携蓉至中央医院就诊。下午读完多布雷著作,开始读新书。

9月

1日 星期日 晴 ×

在生生餐厅招待戴蜀瑶。访郑殿祥。意外碰到儿时在扬州六小的同学孔繁澍。郑太太告我孔吸鸦片，到处借钱。我甚不喜此人。何与述民来访。何问及我的政治观点，我谈了自己的看法。

2日 星期一 晴 ⊗

郑来访。晚述民来，访莫一钧。

3日 星期二 阴 ×

去61号。读书。

4日 星期三 阴 ×

上午访叶丁易，看《中国文字形体变迁考释》稿本。下午单传渊、陶光来。参加莫的晚餐会。

5日 星期四 阴

子愉　钟兴藩　健吾　单老太太

访余中英，请他代购渝平线机票。下午写信。

6日　星期五　晴

枚荪　骏斋　冠英　闰生

到61号。下午开始读郭绍虞的《语文通论》。参加重华的晚餐会，谈中大国文系之授课内容。

7日　星期六　晴　×

知章　文藻　通夫　子愉　膺中　平伯　圣陶　梦麟

上午访梅校长。下午写信。访述明并借书数册。

8日　星期日　晴

政烺　石荪

访林伯遵夫妇，其住宅甚美。在此午饭。罹病。

9日　星期一　晴

枚荪

一星期来胃不适，须注意。

10日　星期二　晴　×

参加范德坚午餐会。参加中研院与三校同人的聚餐会。梅先生明日启行。

11日　星期三　晴

读完莫的短篇和诗。仍发烧。上午访枚荪和许楚生。朱君允太太来访，适我外出未遇，《民主报》记者李康来访，与谈闻立鹏事。

12 日　星期四　晴

下午记者 4 人来。张扬、景伍与伯伦来。到武汉医院诊视，尚未查出病因。称得 106 磅。

13 日　星期五　晴，晚暴雨

读书。去社会大学讲现代散文，时间不长，访朱太太。

14 日　星期六　阴后晴

其芳　单老太太

下午访朱君允，写了买机票的介绍信。访莫一钩，还书。到中央医院就诊，仍如昨日，白血球减少。

15 日　星期日　阴　×

试服奎宁片，大夫谓可能患伤寒。今日热度稍退。

16 日　星期一　阴

下午访莫一钩。头痛加剧。休息，停止读书。访楚生。

17 日　星期二　阴

去宽仁医院。迁至中四路 61 号，暂住医院。林慧小姐为我写介绍信，主治医生为吴坚基。

18 日　星期三　阴　⊗

体温下降。仲衡及刚如来。

19日　星期四　阴

体温又上升，停止读书。

20日　星期五　雨　⊗

体温下降，休息。冯柳漪来。白血球增加。

21日　星期六　阴　⊗

张裕生、宁、霍来探视，余又荪、林伯遵、贺自昭及述民亦来。林慧小姐星期三来，甚感。

22日　星期日　晴

戴蜀瑶来。休息。贪食。

23日　星期一　雨　×

上午出院回家。其芳来访，长谈，甚有趣。孔祥瑛来访。

24日　星期二　晴

中英　知辛　一钧

上午与竹同访许君夫妇，不遇。晚其芳与力扬来，莫一钧来访，范德坚亦来。

25日　星期三　晴　⊗

闰生　采芷　知辛　方敬

访许太太，并写信给方敬，去老聚丰园赴范小姐宴会。述民与单五妹意外来访。写文叙述老家扬州。

26日　星期四　晴　⊗

知辛

迁至一层。孟志孙、刘兆吉来访。参加张知辛午餐会，遇于刚及范希纯。买烟丝。

27日　星期五　晴　×

王瑶　恒寿　柯知明　一钧　兴藩

与宁育珪同去沙坪坝，访南开并遇喻。对南开印象甚佳。讲现代中国散文课。有人说他们认为散文就是通俗文学。听讲者挤满学生公社。开始讲时嗓子有些嘶哑。后正常。宁先生服务精神极好。

28日　星期六　晴　⊗

云波

读《人物》杂志及《英国散文》。到美国新闻处及中央图书馆。参观降落伞塔。

29日　星期日　晴

之彦　金七妹　育珪　俞欣

访余中英，他已于中秋前去成都。访柯知明，他说从4月以来就与太太关系不好，主要原因是双方对中国工会的态度不同。他太太是该会秘书，在易礼容领导之下，易是左派分子。访述民和自昭。

30日　星期一　晴　×

全家到南开，做《青年时代》之讲演。访戴蜀瑶。参加陈序经之晚餐会，讨论其作品之风格。

10月

1日 星期二 晴 ×

中英 黄太太 静之

与喻长谈其生平及1919年以来之经历。戴小姐邀午饭。

2日 星期三 雨,晴

昨晚睡眠不佳,今感倦甚。读小说,晚桥戏。

3日 星期四 阴

胃不适,上午卧床休息。妻携孩子们进城,未吃午饭。天甚冷。读完第二部神秘小说,较第一部稍佳。陈一清和张知辛来访。

4日 星期五 晴

俞欣

上午访喻传鉴及其友王镂冰。下午开始读《诗缘情说》。其芳来谈批评杨晦文章问题,其芳谓对此争论甚多。中国公司在招待所举行职员晚餐会,但无客参加。

5日 星期六 晴 ⊗

董同和及逯钦立来。下午陈二姐和单五妹来访。去中航公司称行李，一切均甚仓促。我以一个中央大员的架势请客，但到客只有中国公司的刘、杨两位。

6日 星期日 晴

茅祖业、余中英、陈述民、劳贞一、李光焘及鲁光祖来访。读新杂志。参加逯、雷的晚餐会。闻明日可飞北平。

7日 星期一 晴 ⊗

乘中研院汽车去白市驿机场，然机场上并无起飞迹象。不久，一大型客机自西安飞来。匆忙乘机，所幸行李全部免检。天甚冷，得感冒。飞机在汉口暂停，午餐极贵。从机窗下望，北平城甚美。北平时间6时着陆。海关免检，后乘中航公司汽车进城，座位极其舒适。见到继侗，他是我在农学院重逢的第一个朋友。我们详细谈了他在上海的工作，他与蒋廷黻会见一段逸闻，甚有趣。

8日 星期二 晴 ✕

访雪屏、枚荪、毅生、今甫、锡予、胡先生、岱孙、梅先生、福田、从文、光实、君培、家驷及平伯。自岱孙处取回大包袱。在西黔阳晚餐。

9日 星期三 晴

妻访友，我在家。张政烺来访。去全聚德赴福田宴会。

10日 星期四 晴

到清华参加开学典礼。为找竹，疲于奔命。进城后，到中山公园。乘车价甚昂，颇不适应此种变化，生气不止。

11日　星期五　上午晴，下午阴

上午读张恒寿《论庄子》一文。访小孟及冯太太。了一信告他将应聘任中山大学文学系主任。

12日　星期六　阴　×

长之来访。将电报交了一。参加平伯午餐会。访马蒂·邓汉及礼元。访吴二嫂。参加岱孙之晚餐会，菜佳。

13日　星期日　阴　×

寿华　幼梅　梦雄　志和　七妹　单宅　梅君　马大姐　云波　少炎　之彦

许传英来访，他将去台湾。张恒寿来，还他文章。小孟与他全家邀吃涮羊肉。饭后游北海及东安市场，急于回家。

14日　星期一　晴

高华年来访，晤谈甚欢。高熙增来。访闻家驷，不遇。写信。

15日　星期二　晴　×

圣　二娃　闰生　采芷　伯庸　德坚　述民　伯遵　华民　又荪　中英　赵二娘

访梅校长，不遇，留字。访斐云，亦不遇。访清常，与谈语音教学事，他接受聘请，待与冯柳漪商后定。下午访越如和镂青。吴来邀至俄国餐厅午饭，菜佳。

16日　星期三　晴　××

柳漪

上午见梅校长商谈系务。自岱孙处取回碗等什物。下午访斐云，只见到他太太。访陈谦庆夫妇，并在其家晚餐，桥戏，吕宝东、陈光旭为伴。

17日　星期四　晴

华粹深来，邀星期日午餐。镂青来访，谈中国大学内幕。自平伯处取回杂物。俞太太说她已受训完毕，现在可以做事。确实如此。

18日　星期五　晴　×

家驷　梅校长　嘉乐　越如　镂青

上午赵万里夫妇来。下午到南夹道购衣物。后访萧耿光及欧阳莹大夫。参加李诚毅、吴昌今、罗余吾的晚餐会。与今甫约定参加五人文学组织。与罗谈语言与文学问题。

19日　星期六　阴　×××

华粹深来访。为周刊写《语言与文学》一文。邹太太来访。清常来谈南开中文系事。全家去西单商场，携乔先回。妻与两个孩子遭歹徒抢劫。妻说那歹徒叫他们别动，抽出一把雪亮的利刃。母子三人吓得大叫，向马路逃去。妻被一块石头绊倒，幸而歹徒未追。后来三人雇三轮车回来。我看到他们相当激动，未好言安慰，反而对她大声诉说很反感。我之过也。

20日　星期日　晴

上午萧耿光伴欧阳大夫来访。参加叶梧深和许世瑛的午餐会,遇孙蜀丞、郑婴百。游故宫中路和内西路。访平伯,赠礼品并桥戏,共进晚餐。

21日　星期一　晴,昨夜雨　×

访张苑风,商谈教学事宜。去清华,做事不少。下午2点开会。在烤肉苑吃烤肉。

22日　星期二　晴　×

王忠　清常　小孟　劳君展　方敬　枚荪

移居清华北院,以汽车运家具。军人和警察途中登车。甚忙。

23日　星期三　晴　×

整理家具与杂物,无女佣帮忙。

24日　星期四　晴　×

进城参加三校图书分配会议,见到开明王经理。归来,忙于家务。晚有人自窗外射电筒,使人不安。

25日　星期五　晴　×

来客甚多,忙碌。上午大一教学委员会开会。晚风暴,骤寒。写《周话》。

26日　星期六　晴　×

与范宁共进城,检视书箱,购物。倦极,到北平以来仅得午睡一次。到清华后,坐时亦甚少。守愚来,晤谈甚欢。

27日　星期日　晴

与竹口角。来客甚多。陈寅恪昨到清华,丁则良来为他安排课程和助手。经商定:《语言与文学》副刊每月编辑费5万元,五分之三归余,其余给别人。访陆志韦、廖泰初、薛鸿达和高名凯。高昨日来访。会见曾觉之,阎简弼陪访上述诸人。……

28日　星期一　晴

忙于搬运书箱。斥责思俞,言词过重。来客甚多。一多手稿受潮,不幸之至。写成《回来杂记》。见寅恪。

29日　星期二　晴　×

斐云　平伯　越如

在城里开分书会议。购物。将稿子交今甫。他买一长桌,设计精致,价15万元。今天打开书箱。

30日　星期三　晴　×

下午到燕京大学讲课。参加评议会。

31日　星期四　晴

出席办公会议,讨论选课问题。开始写《周话》。参加佩松餐会。

11月

1日　星期五　晴　×
写成《周话》。

2日　星期六　晴　×
指导学生选课。

3日　星期日　晴　××××
小孟　罗保吾
今日胃病发作甚厉。到玉华台参加《大公文艺》的午宴,菜佳。购物。王静庐、侯芸圻及刘盼遂来访。

4日　星期一　晴　×
罗保吾
上午在办公室坐班。参加系福利委员会会议。喝咖啡致胃痉挛,但咖啡甚佳。李峰天来访,此人甚好。

5日　星期二　雨　⊗
开始讲课。

6日　星期三　阴，雨　×

参加评议会。从燕大得到大一《国文选》。

7日　星期四　阴　⊗

开小学房舍会。开教授会。

8日　星期五　晴

仍很忙。下午学生生活指导委员会开会。写文谈鲁迅对汉语的看法。

9日　星期六　晴　×

上午忙于找书箱。下午访几位朋友。晚感倦极。对妻的房间的意见提得过于严格。

10日　星期日　晴　×

振文　绍虞

进城。访召亭和家驷，但未遇。见闻立鹤，谓将把一多手稿交给李公朴、闻一多图书馆，但把研究工作委托给我们。下午未做事，来客仍不少。

11日　星期一　晴，夜雨　⊗

参加教务会及聘委会。

12日　星期二　阴　×

今天假日，仍甚忙乱。晚儿童教育委员会开会。小事烦人，至下午仍不快。

13日　星期三　晴　×

第一次领取燕大月薪。

14日　星期四　晴　⊗

为教育委员会事烦恼。参加秦的餐会。

15日　星期五　夜雨　×

了一　长之　璧城　骏骥　文熙
甚忙，疲倦。

16日　星期六　晴　⊗

小孟　鸿基　苑风
上午斐云来，下午清常来。

17日　星期日　晴　⊗

知辛　采芷　一樵　振铎　迈先　闰生　禽庭　国华　舜年
少炎　李冀天　文钦　□雄夫妇　次瑶　一钧　物华　秉新　顾颉刚
化普　慎予　世瑛　苑风
忙于写信。

18日　星期一　晴　⊗

仍忙于办公室事务。参加系内教职员工子女委员会会议，推选 T. S. 钱为主席。

19日　星期二　晴　⊗

下午准备诗论班资料，甚忙。

20日　星期三　晴　⊗

家驷

下午访永经。

21日　星期四　阴　×

平伯　慎予　高二爹

晚仲邑来。

22日　星期五　晴　×

参加大一宿舍分配小组，忙甚。为写《周话》。迟眠。

23日　星期六　晴　××

家驷　颉刚

高二爹来，甚喜。

24日　星期日　晴　⊗

读各报副刊。下午T. S. 钱来访，对岱孙备加称赞，余甚同意。与竹隐外出做社交性拜访。

25日　星期一　晴　⊗

圣陶　文烈　谷君　审议会　广田　四妹

下午毕奂午来，阅学生报告。

26日　星期二　风　⊗

下午成志学校校务委员会在我处开会。阅学生报告。

27日　星期三　风

寒冷。

28日　星期四　晴

为成志学校写通知。读学生作文。与竹口角,须小心从事,保持家庭和睦就得容忍。

29日　星期五　阴

闻一多教授手稿编委会今日下午开会。写每周评论,难于定题目。凌晨2时始寝。

30日　星期六　晴

进城到中和医院看望谢之光大夫,遇黄宛及其太太。谢关照将X光诊察费由5万元减为2万元,甚感谢。购物。

12月

1日　星期日　晴　×
中英　吴二嫂　长之
写信。

2日　星期一　晴
国华　之恭　万兆凤　振文　稷臣　绍虞　了一　健吾　遇夫　同和　中英
出席中学教育委员会会议。

3日　星期二　晴
开图书审委会。萧成资演讲，谈诗与生活问题。

4日　星期三　晴
写每周评论。

5日　星期四　晴　×
上午写《周话》。张永经及牛泽蓉来。下午开教授会。参加继侗的晚餐会。迟眠。

6日　星期五　晴

余中英偕子来访。去中和医院，但因停电未能做 X 光透视。疲甚。

7日　星期六　晴　×

阅卷。游泽承来访。

8日　星期日　晴，风　×

进城。天奇冷。我们5人未挤上公共汽车，雇三轮亦不易。访小孟、从文和孟实，他们购书甚多，孟实所买皆中国诗集，此经济办法，我也应如此。访余中英，在东来顺用餐，菜肴佳。余先生及其子雇汽车送我们回家。胃剧痛，较以往加剧。

9日　星期一　晴　⊗⊗

决心自今日起有秩序地做事。下午访伯伦谈梦家问题。阅报告及试卷。

10日　星期二　晴　×

叶丁易来，在吴晗家共进午餐。吴晗夫妇引用 L. K. 陶的话，无情地攻击胡和傅。参加文学与现实的讨论。一直感到神经紧张。近来发现自己不惯料理家庭生活，尤其是今冬，人家都会照管炉火。学会了忍耐并克制自己，不去批评竹的意见和牢骚。

看来我好像颇得人心，这不是恭维话。

11日　星期三　晴　⊗

读布鲁威尔的《标准》。开始写《周话》。

12日　星期四　晴　⊗

余中英来访,他未见到其子。写完《周话》。

13日　星期五　晴　⊗

越如

进城,到中和医院做肠胃X光透视。下午参加中国语文诵读方法座谈会,魏建功为主席。在斐云处见到其三个孩子。应新日邀晚餐。宿同学会岱孙房间,甚宽敞。

14日　星期六　晴　⊗

到北大图书馆。在陈大夫办公室向韩小姐买药。去中和医院,吴大夫告胃肠内无异常组织。归来休息。

15日　星期日　晴

开始写《十批判书》的书评。

16日　星期一　晴

晨雪。写成书评。开系主任会。写信。

17日　星期二　晴　⊗

斐云　子愉　尚岩

甚忙。

18日　星期三　晴
之彦　闰生　采芷　四妹　平伯　钟乾
据说下周将有两天假期。

19日　星期四　晴　⊗
写《论诵读》。

20日　星期五　晴　×
做X光透视，谢大夫谓我有胃溃疡，但并不活动。购物并访平伯，与之长谈。他已感到时代精神。夜雪。

21日　星期六　晴　⊗
看黄大夫和陈大夫。下午归来。

22日　星期日　晴　⊗
写成《论诵读》一文。霍君夫妇来访。何佐艇之子死于白喉症。这使我整个下午不安，要是我的一个孩子死于此症，家庭就会崩溃。竹一直抱怨，说她不喜欢北平，她非常想念成都和该处友人。她对这里一切都看不惯，女仆、杂货铺、小学，等等。真不知该怎样安慰她才好，但我强烈反对她这种乡土观念。不过，我不能同她争论，只是尽力克制并暗地同情她。

23日　星期一　晴　⊗
整理一多稿件。参加守愚和岱孙的晚餐会。寒冷。二弟来信，得知干娘逝世。

24日　星期二　晴 ⊗
长之　今甫
写文论国语教育。

25日　星期三　雪 ⊗
文章写成。

26日　星期四　晴 ⊗
参加评议会。批改学生作文。

27日　星期五　晴 ⊗
福田
徐云生来。

28日　星期六　晴 ⊗
读《青铜时代》。

29日　星期日　晴 ⊗
访云生。应修仁邀,参加招待会,菜佳。遇陈继承。

30日　星期一　晴
二弟　闰生
学生罢课抗议美军搜捕。读《青铜时代》。阅完学生报告。开生活指导委员会。

31日　星期二　晴 ⊗
疲倦。晚访江清。

* 此次编辑出版的《朱自清日记·下(1942—1946)》收录了作者1942年至1946年的日记,这些日记原本主要以英文、日文写成,编辑过程中采用的则是翻译后的中文版本。